UNTERRICHTSIDEEN

Anfangsunterricht Kunst
3. und 4. Schuljahr

Hermann Burkhardt
Sibylle Hirth-Schaudt
Hilleke Hüttenmeister
Damaris Scholler

Ernst Klett Grundschulverlag
Leipzig Stuttgart Düsseldorf

Bildnachweis:

Umschlag:
Detlef Willand: 6 Tänzchen in Holz, 1987,
Holzschnitte

Farbtafel III,1:
Wassily Kandinsky: Spitzen im Bogen, 1926

Literaturnachweis

S. 19: © Kohlhammer Verlag GmbH, Stuttgart 1996
S. 48/49: © by K. Thienemanns Verlag, Stuttgart – Wien – Bern 1996

Gedruckt auf Papier aus chlorfrei gebleichtem Zellstoff, säurefrei.

1. Auflage 1 5 4 3 2 | 2000 99 98 97

Alle Drucke dieser Auflage können im Unterricht nebeneinander benutzt werden, sie sind untereinander unverändert. Die letzte Zahl bezeichnet das Jahr dieses Druckes.

Redaktion: Hannelore Irmer

Satz & Repro: Steffen Hahn GmbH, Kornwestheim
Druck: Götz, Ludwigsburg
ISBN 3-12-196115-2

Grundschulunterricht im Fach Kunst

Hermann Burkhardt

1

2

3

4

Zur Situation im 3. und 4. Schuljahr

Auch im 3. und 4. Schuljahr geht der Kunstunterricht vom ursprünglichen bildnerischen Denkvermögen der Schüler aus, wie ein solches bereits in den vorausgegangenen bildsprachlichen Äußerungen ihrer Kinderzeichnungen sichtbar wurde. Schon Jahre vor dem Schuleintritt und danach im Anfangsunterricht haben die Kinder einen Bestand an individuell ausgeformten Bildzeichen entwickelt: Mensch, Tier, Pflanze, Gebäude, Maschinen und Gegenstände, mit denen sie ausdrücken können, was sie in ihrer Umwelt bewegt und interessiert. Im Kunstunterricht der 1./2. Klasse konnten sie handelnd den Umgang mit verschiedenartigen Materialien, Werkzeugen, Instrumenten, aber auch mit bildnerischen Mitteln Linie, Fläche, Farbe, Körper und Raum erleben und erfahren.

Gestalterische Grundprinzipien und fachliche Arbeitsbereiche

Der Unterricht im 3./4. Schuljahr baut auf diesen vielfältigen Handlungserfahrungen auf, erweitert und vertieft sie. Um diese in ein (für Lehrer und Schüler) ordnendes Bezugsystem zu bringen, führt z. B. der baden-württembergische Grundschullehrplan für das Fach Kunst eine Reihe von gestalterischen Grundprinzipien in verschiedenen fachlichen Arbeitsbereichen auf (Matrix S. 16).
Im elementaren Anfangsunterricht konnten die Kinder vergleichbare Prinzipien und Vorgehensweisen auch in anderen Fächern erfahren, insbesondere im ästhetischen Bereich von Sprache, Musik und Bewegungserziehung. Im 3./4. Schuljahr lassen sich diese mit wachsendem verbalen Ausdrucksvermögen der Kinder bewußter formulieren. Gestalterische Grundprinzipien werden damit für den Schüler einsichtig; im eigenen bildnerischen Handeln und in dem der Mitschüler, in eigenen und fremden Arbeiten und in wachsendem Maß mit Kunstwerken und Bildern aller Art.

„Ich und das Fahrrad" als eine bildnerische Bestandsaufnahme

Selbstbildnis in verschiedenen Positionen

Die genannte Aufgabe wurde zu Beginn des 4. Schuljahrs als eine bildnerische Bestandsaufnahme in zwei Doppelstunden ausgeführt. Sie sollte dem Lehrer einen Überblick über den Entwicklungsstand und die speziellen bildsprachlichen Darstellungsweisen dieser Altersstufe vermitteln. Die abgebildeten Figuren wurden mit schwarzem Tintenstift auf ein DIN-A2-Blatt gezeichnet, das durch Falten in

5

6

7

8

8 Bildfelder aufgeteilt war um Platz für sehr verschiedene Fahrradkunststücke zu gewinnen. Obwohl naheliegend, war auf eine fortlaufende Bildhandlung als Bildgeschichte verzichtet worden.

Wenn in einer ähnlichen Situation die Erstkläßler bei Schuleintritt mit einer zeichnerischen Selbstdarstellung – „Das bin ich!“ – dem Lehrer einen ersten Überblick über ihre unterschiedlichen bildnerischen Fähigkeiten und Fertigkeiten geben könnten (Anfangsunterricht Kunst 1./2. Schuljahr, S. 4f), so sollte im 3./4. Schuljahr die Aufgabe anspruchsvoller gestellt werden. Die Formulierung „Was ich auf dem Fahrrad alles machen kann“ regt als zeichnerisches Thema vor allem die kindliche Bewegungsphantasie an, in der sich sportlich-artistisches Wunschdenken mit realer Körpererfahrung verbinden.

Bewegungsphantasie und Körpererfahrung

Während bei einem „Selbstbildnis“ als großer, flächenfüllender Standfigur das Interesse der Kinder vor allem auf die jeweils individuellen Merkmale wie Kleidung, Frisur und möglicherweise auch schon auf einen gewissen mimischen Ausdruck gerichtet ist, so wird mit der erweiterten Themenstellung das „Ich“ als handelndes menschliches Subjekt in Beziehung zu dem technischen Objekt „Fahrrad“ gebracht. Es müssen also nicht nur grafische Zeichen für die spezielle „ikonische Aussage“ (U. Eco, 1972): „Das bin ich“ gefunden und in einen grafischen Zusammenhang gebracht werden, es gilt auch, kennzeichnende Details eines Fahrrades wie Speichenräder, Rahmen, Lenker, Sattel, Getriebe zu einem entsprechenden grafischen Zeichenkomplex „Fahrrad“ zusammenzufügen. Bei einem so detailreichen technischen Gebilde sind weniger Phantasie und Einbildungskraft als vielmehr konkrete Anschauung und einschlägige Erfahrungen gefragt.

Eine „ikonische Aussage“ aus Bildzeichen

Bei der zeichnerisch-grafischen Umsetzung entsprechender bildhafter Vorstellungen geht es, wie schon in den frühesten Kinderzeichnungen, um ein Auswählen und Zusammensetzen „passender“ Teile, d. h. um Selektion und Kombination als die beiden wesentlichen (bild-)sprachlichen Grundordnungsarten. Diesbezügliche Operationen sind nicht nur die Grundlage von (Wort-)Sprache und Mathematik, sondern auch von jeglicher Bildsprache (R. Jakobson, 1971; H. Burkhardt, 1978).

Auswählen und Kombinieren als Grundordnungsarten

In den Zeichnungen der Viertkläßler zeigen nicht nur die Jungen, sondern auch die Mädchen ein reiches technisches Detailwissen: Anna (1) hat ihr Augenmerk vor allem auf den Lenker mit Klingel und Bremse, Licht und Lenkradreflektor gerichtet. Ellen (2) hingegen legt Wert auf einen bequemen Sattel und vergißt auch nicht die Speichenreflektoren. Wendelin (3) zeichnet sehr genau Zahnrad, Kette und Tretlager, ebenso Gepäckträger, Schutzblech und Rücklicht.

Additives Fügen oder Verschmelzen von Formen

Bei dem für Grundschulkinder typischen additiven Fügen von Teilformen gerät zuweilen der Gesamtzusammenhang des Fahrzeugs aus den Augen, wie etwa bei Andrea (4) oder Murat (5). Renate (6) und Wendelin (3) hingegen legen Wert auf ein kräftiges Rahmengestell, in das alle Teile integriert sind. Zunehmende Integration der Teilformen aufgrund der in den beiden ersten Schuljahren gewachsenen zeichnerischen Fertigkeiten wird aber vor allem bei der menschlichen Figur sichtbar: An die Stelle der zu Schulbeginn oft noch anzutreffenden Strichmännchen ist durchweg eine flächige Darstellungsweise getreten, die das körperhafte Volumen der Figuren berücksichtigt.
Bei einem großen Teil der Schüler wurde aus dem additiven Aneinandersetzen einzelner Gliedmaßen, etwa noch bei Andrea (4), Anna (1) oder Wendelin (3), deren Verschmelzen zu einer Gesamtform, so bei Renate (6) oder Ellen (2). Die überaus anregende Motivation von „Kunststücken" führte bei nicht wenigen Kindern zu einer betonten Biegsamkeit von Körper und Gliedern der verschiedenen Fahrradartisten. Seine lebhafte Bewegungsphantasie brachte vor allem Wendelin (7) zu einer kühn rotierenden Momentaufnahme eines Salto, dessen Schwung sich selbst die Anatomie der Beine anbequemen mußte. Wie sehr mit diesem Thema ein entsprechendes Körpergefühl angesprochen wird, zeigt der mit einem Bein auf dem Sattel balancierende Junge (8). In schwankend-tastend das Gleichgewicht haltenden Armen und Händen, in dem angestrengten Gesichtsausdruck und nicht zuletzt in der die Sonne verdunkelnden schwarzen Wolke wird die gefährlich wackelnde Situation dramatisch zugespitzt.

Erste Überdeckungen und Überschneidungen

Einigen Schülern bietet das Thema auch Gelegenheit, erstmals Überdeckungen und Überschneidungen zeichnerisch zu bewältigen, nachdem solche in vorausgehenden Stufen der Kinderzeichnung weitestgehend vermieden wurden. So etwa Ellen (2) oder Wendelin mit seiner radschlagenden Saltofigur (7). Andere hingegen lösen das Probleme in noch kindlich-naiver Weise: Bei dem Radfahrer des 10jährigen Murat (5) sind Arme und Beine einfach röntgenartig ineinandergezeichnet und so weit ausgedehnt, bis sie irgendwie beim Lenker und den Pedalen angelangt sind. Hingegen hat Murat Handbremse, Gangschaltung, Luftpumpe und an einer Stelle sogar das Reifenprofil sehr genau beobachtet.

Beziehungsgefüge von Figuren

Wenn die vielfältigen zeichnerischen Bemühungen der Schüler zunächst der menschlichen Figur und dem Fahrrad als einer Kombination kennzeichnender Bildzeichen galten, so kann spätestens beim Zueinander-in-Beziehung-Setzen dieser beiden Figuren von Komponieren gesprochen werden, von Komponieren als deren Setzen, Stellen, Legen innerhalb des Rahmens eines gegebenen Bildformates bzw. der Bildfläche.

Bildsprachliche Funktion der Figuren

In ihrer Subjekt-Objektbeziehung Radfahrer-Fahrrad übernehmen die beiden Figuren bildsprachlich die Funktion einer Satzaussage, wie sie von den Kindern daneben- oder darüberstehend schriftlich wiederholt bzw. in die Wortsprache übersetzt wurde. Aus ihrem jeweiligen Beziehungsgefüge, aus Größenverhältnissen, Oben/Unten, Nähe/Ferne, Richtungsdifferenzierungen (Britsch/Kornmann, 1953) u. a. läßt sich an den Bildfiguren das ablesen, was man grammatikalisch als Verbalphrase bezeichnen würde. In der z. B. von Ellen (2) beabsichtigten Aussage: „Ich sitze gemütlich auf dem Fahrrad" drückt sie das Verb „Sitzen" und darüber hinaus das Adjektiv „gemütlich" durch die über dem Sattel übereinandergelegten Beine und die „lächelnden" Mundwinkel aus.

Bei der auf vielfältiges aktives Handeln (Stehen, Sitzen, Liegen, Balancieren, Treten...) angelegten Thematik wie auch aufgrund der auf Seitenansicht angelegten Fahrraddarstellung ist implizit die Profilfigur angesprochen. Deren zeichnerische Bewältigung ist normalerweise ein Problem des 1./2. Schuljahrs und dürfte Drittkläßlern keine Schwierigkeiten bereiten. Dennoch ist auffällig, daß es in nicht wenigen Zeichnungen bei einem profillosen Kugelkopf ohne Nase bleibt, wogegen die Mimik, etwa bei Wendelin (4) recht ausgeprägt erscheint. Bei der Darstellung von Handstand, Spagat, Brücke u. ä. wird nach wie vor die Darstellung von vorn, „en face", beibehalten. Es mag dies der auch noch im 3./4. Schuljahr zu beobachtenden Neigung entspringen, das Beziehungsgefüge Mensch/Fahrrad in der Totale eines in der Kinderzeichnung üblichen Standlinien- bzw. Standflächenbildes zu sehen und es nicht isoliert aus einem größeren bildnerischen Gesamtzusammenhang herauszulösen. Eine solche ganzheitliche Szenerie mit umgebender Landschaft, Bergen, Häusern, Bäumen, Wolken, Sonne u. a. m. erscheint vielen Kindern noch unverzichtbar. Allerdings wird das kindliche Standlinienbild zunehmend differenzierter. Ellen (2) erweitert es z. B. zu einem sandigen Weg, der über einen grasbewachsenen Hügel führt. In der Zeichnung von Wendelin (3) ist, wie auch bei anderen Kindern, ein räumliches Davor und Dahinter von Hügeln und Bergen, ja sogar von einer Art Vorder-, Mittel- und Hintergrund angedeutet.

Figur von vorn und Profilfigur

Vom flächigen Standlinienbild zum Bildraum

Fachliche Arbeitsbereiche des Kunstunterrichts

(Eine Übersicht bietet die Matrix S. 16)

Zeichnen/Grafik

Von der Kritzelstufe an steht im bildnerischen Tun der Kinder das Zeichnen an erster Stelle. Es dient ihnen als bevorzugtes Mittel der Form- und Zeichenfindung und ist im 3./4. Schuljahr schon recht fortgeschritten. In diesem Alter verfügen die Schüler bereits über eine eigenständige Bildsprache und eine unverwechselbare zeichnerische „Handschrift". Jetzt sind sie stärker um figurative Differenzierung bemüht, um ein grafisch strukturierendes oder schmückendes Ausgestalten mit grafischen Mitteln. Dabei tritt bei vielen Schülern die Neigung zu fleißigem, „sauberem" Ausarbeiten gegenüber dem spontanen kindlichen Sich-Ausdrücken in den Vordergrund. Dies und die wachsende Bereitschaft zu überlegtem, planendem Vorgehen ermöglicht eine verstärkte Beschäftigung mit der Druckgrafik. Eine Einbeziehung des Farbdrucks mit zwei oder mehreren Platten sollte aber erst erfolgen, wenn ausreichende Erfahrung im Schwarzweißdruck vorliegen. Das im 1./2. Schuljahr noch übliche Zeichnen mit farbigen Stiften und Kreiden – als ein „Färben von Formen" – sollte jetzt im Sinne einer verstärkten Zuwendung zur Grafik als einer Schwarzweißkunst allmählich aufgegeben werden. Dies schließt die Verwendung grafischer Farbelemente beim dekorativ-ornamentalen Ordnen und Gruppieren nicht aus (S. 66). Gerade auf dem Gebiet besteht bei Kindern dieser Altersstufe großes Interesse.

Zeichnen als Mittel der Zeichenfindung (Semiose)

Strukturierendes und ornamentierendes Zeichnen

Druckgrafik

Farbe/Malerei

Farbe ist ein Urphänomen der kindlichen Erlebniswelt und zunächst nicht unbedingt auf das Malen und dessen verschiedene Techniken bezogen. In der Grundschule geht es in diesem Arbeitsbereich vor allem darum, sich mit der sinnlichen Wirkung von Farbe auseinanderzusetzen:

- als Farbe von Gegenständen,
- in ihrer symbolischen Bedeutung,
- in ihrem subjektiven Ausdruckscharakter,
- in ihrer Raumwirkung.

Die sinnliche Wirkung der Farbe

Malen, als ein gezieltes Umgehen mit Farbwirkungen, arbeitet vorrangig mit den bildnerischen Mitteln des Flecks – als einer unregelmäßig begrenzten Fleckform (= „Mal") – und der mehr oder weniger klar begrenzten Farbfläche. Nach dem spontanen experimentierenden Umgehen mit unterschiedlichen farbigen Materialien und Techniken geht es im 3./4. Schuljahr verstärkt um den überlegten Einsatz der Farbe, um bestimmte Wirkungen zu erzielen und um eine bestimmte Darstellungsabsicht mit malerischen (nicht grafischen) Mitteln zu erreichen. In der Auseinandersetzung mit der sichtbaren Umwelt wird ein differenzierteres Wahrnehmen von und ein gezieltes Umgehen mit Farbtönen, Farbklängen und Farbverläufen möglich.

Differenziertere Farbwahrnehmung

Körper/Raum

In diesem Arbeitsbereich geht es um die Wahrnehmung der verschiedensten plastisch-körperhaften und räumlichen Phänomene unserer Umwelt. Im handelnden Umgang beim Plastizieren und Bauen wie in der Betrachtung plastisch-körperhafter und räumlicher Situationen können die Kinder sowohl körperhafte wie räumliche Momente in ihrem wechselseitigen Bezug erfahren. Ein aus einer Schuhschachtel gebasteltes „Haus" läßt sich sowohl als phantasievoll eingerichteter Wohnraum wie auch als quaderförmige Architektur betrachten.

Körper und Raum in wechselseitiger Beziehung

Das Plastizieren und Bauen der Kinder verläuft in seiner Entwicklung weitgehend parallel mit der Kinderzeichnung und -malerei. Es beruht meist auf einem additiven Zusammenfügen plastischer und räumlicher Elemente. Beim Arbeiten mit dem amorphen Material Ton werden in der Regel kugelige, zylindrische, kegel- oder quaderförmige Teile geformt, entsprechend den in der frühen Kinderzeichnung anzutreffenden „Urzeichen" (R. Pfennig, 1970) von Kugel, Rechteck- und Dreieckformen. Diese werden dann töpfermäßig zusammengefügt. Seltener, auch noch im 3/4. Schuljahr, ist das plastizierende Formen einer amorphen Tonmasse durch Auftragen oder Wegnehmen kleiner Tonklümpchen. Bei figurativem Gestalten findet man eine fortschreitende Richtungsdifferenzierung, verbunden mit einer stärkeren Biegung der Gliedmaßen.

Additives Plastizieren und Bauen

Differenziertes Plastizieren

Beim umgestaltenden Zusammenfügen von heterogenem Fundmaterial („Trouvaillen"), von vorgeformten und bisher anderen Zwecken dienenden Formteilen und Gegenständen können die Schüler mitunter schon eine recht beachtliche Geschicklichkeit in der Handhabung von Werkzeugen und Instrumenten entwickeln. Das gilt insbesondere bei der Herstellung mechanisch beweglicher Gebilde (dreidimensionaler „Maschinen", Puppen, Schattenspielfiguren mit erfindungsreichen Schub- und Zugverbindungen, Drehmomenten u. ä.; „Allerlei Quasselköpfe", S. 55).

Wachsende handwerkliche Geschicklichkeit

Die Wechselwirkung von Körper und Raum können die Schüler ganz unmittelbar beim Spielen in Bewegungslandschaften und Bewegungsräumen erfahren (S. 68 und 70). Dies ist aber auch in kleinräumig-modellhaften Raumgefügen möglich („Versunkene Ruinenstadt", S. 58). die evtl. in Beziehung zu mehr oder weniger groß dimensionierten Figürchen gesetzt werden könnten. Im ersten Fall nehmen sich die Kinder selbst in ihrer Körperhaftigkeit in vielfältig wechselnden Bezügen zu den sie umgebenden Räumen wahr. Hier ist eine enge Verbindung zu Erfahrungen in der Turnhalle oder auf dem Spielfeld gegeben. Der zweite Fall ist ihnen vom Spielen im Kinderzimmer oder auch von Brettspielen her vertraut.

Reale und modellhafte Raumwahrnehmung

Spiel/Aktion

Der Arbeitsbereich Spiel/Aktion hat seine fachliche Ausrichtung im Spiel mit bewegten Figuren und Personen. Dabei stehen die nonverbalen Mittel von Gestik, Mimik, Maske, Kostüm, Requisiten, Attributen im Vordergrund. Bildnerische Erfahrungen aus dem Zeichnen, Malen, Plastizieren und Bauen fließen in das Spiel

Darstellendes und Figurenspiel

mit ein. Im Blick auf Sprache, Musik und Bewegungserziehung erweist es sich als sinnvoll, größere Spielvorhaben in Projektform durchzuführen und entsprechende Verbindungen zu anderen Fächern herzustellen. Bei einer zunehmenden sprachlichen Gewandtheit der Neun- und Zehnjährigen bietet sich nicht nur eine illustrierende Begleitung von Spielszenen mit Geräuschen, Musik und Gesang an, es können nun auch kurze Sprechdialoge aus dem Stegreif versucht werden, wie dies z. B. in „Allerlei Quasselköpfe“ (S. 56) als ausgesprochenen Sprechpuppen bzw. „Klappmaulfiguren“ angelegt ist.

Klangillustrationen und Sprechtexte

Aktion als Materialaktion

Aktion ist eine Erweiterung des Spiels in die Richtung eines kreativen, prozeßorientierten Umgangs mit vielfältigen Materialien und Gegenständen. Experimentierendes und veränderndes Handeln steht hier im Mittelpunkt. Im Spiel ebenso wie in Aktionen machen die Kinder grundlegende Erfahrungen mit Raum und Zeit als einer fortschreitenden situativen Veränderung in einem prozeßhaft fortschreitenden Zeitablauf.

Unterrichtsgestaltung im Fach Bildende Kunst

„Produktion und Reflexion“ als Methode des Kunstunterrichts und ästhetischer Erziehung

Im Unterschied zu anderen Fächern zielt der Kunstunterricht nicht vorrangig auf die Vermittlung eines bestimmten Wissensstoffes ab, er wird vielmehr von Verhaltensweisen bestimmt, die Gefühl, Verstand und Handeln des Kindes herausfordern und in denen die unmittelbare sinnliche Wahrnehmung zu gestaltendem Tun führt. Die dialogische Wechselbeziehung zwischen Rezeption/Reflexion und einer daraus entspringenden ästhetischen Hervorbringung als „Produktion“ (G. Otto, 1973) ist aber nicht nur ein Merkmal des Kunstunterrichts. Sie ist darüber hinaus kennzeichnend für eine fächerübergreifende ästhetische Erziehung in den Bereichen von Musik, Sprache und Bewegung. In dieser Hinsicht kann der Unterricht in der Grundschule von einer in den Kindern angelegten Grundhaltung ausgehen, die für sie seit ihrer frühen Kindheit beim Spielen und in vielfältigen Begegnungen mit Gegenständen, Bildern, Geschichten und räumlichen Situationen bestimmend war. Die Lehrwege ästhetischer Erziehung, wie speziell des Kunstunterrichts, sind dementsprechend durch weitgehende Selbsttätigkeit der Kinder und diesbezügliche Handlungserfahrungen gekennzeichnet.

Bildnerisches Denken

Beim prozeßhaften „Machen“ (R. Pfennig, 1970), beim Finden und Lösen von gestalterischen Aufgaben, aber auch beim Betrachten eigener und fremder Arbeiten, von Kunstwerken und ästhetischen Objekten aller Art spielt bildnerisches Denken eine wichtige Rolle. Es ist bei den Kindern als ein inneres Vergegenwärtigen von Welt in bildhaften Vorstellungen angelegt. Anders als bei einem Denken in Begriffen beruht es auf einem anschaulichen Denken in Gegenständen, Materialien, Formen, die gestalthaft gedeutet und in vielfältiger Weise zueinander in Beziehung gebracht werden. Der Ethnologe C. Lévi-Strauss spricht diesbezüglich von „wildem Denken“ und einer „Wissenschaft vom Konkreten“. So gesehen ist bildnerisches Denken als Teil ganzheitlichen und kreativen Denkens wesentliche Ergänzung zu abstraktem Begriffsdenken.

Gestalterische Grundprinzipien

(Eine Übersicht bietet die Matrix S. 16)

Gestaltungsprinzipien in Kunst und Kunstpädagogik

Bildnerisches Denken manifestiert sich gleichermaßen in der bildenden Kunst wie in den bildnerischen Hervorbringungen der Kinder. In dieser Hinsicht sah Paul Klee zu Recht „Uranfänge von Kunst“ ebenso in ethnographischen Sammlungen wie in der Kinderstube. Entsprechende elementare Gestaltungsprinzipien wurden verschiedentlich von seiten der Kunst (W. Kandinsky, 1952/1955; P. Klee, 1970), von Kunsttheorie und Kunstdidaktik (G. Britsch, 1952; R. Pfennig, 1970) und auch der Pädagogik (G. Bräuer, 1989) formuliert.

Gestaltungsprinzipien in elementaren Lernprozessen

Für den Kunstunterricht der Grundschule lassen sich aus einer Reihe solcher Gestaltungsprinzipien elementare Lernprozesse ableiten. Pfennig spricht in diesem Zusammenhang von bildnerischen „Grundaufgaben“. Sie entsprechen in vielem vergleichbaren Strukturen in anderen Fächern und ergeben damit Möglichkeiten zu fächerverbindendem vernetztem Lernen.

Finden von Formen, Artikulation und Differenzierung von Zeichen

Aus der Fülle der gegenständlich sichtbaren Welt Formen, Farben, Figuren wahrnehmen, ausgrenzen, sie als mögliche Bildzeichen herstellen und verstehen.

Ausgrenzen als Grundbedingung bildnerischen Handelns

Ein spezieller Aspekt des Findens von Formen wurde bereits im Beispiel „Selbstbildnis mit Fahrrad“ (S. 4 f.) als ein Auswählen (Selektion) zum Zwecke des Zusammensetzens (Kombination) aufgezeigt. Dabei wird das Ausgewählte gegenüber seiner Umgebung ausgegrenzt, hervorgehoben, herausgelöst. Dies läßt sich schon beim Kleinkind beobachten, das irgendein Ding, das sein Interesse erweckt, ins Auge faßt und danach greift. Ausgrenzen ist eine Grundbedingung sinnlicher Wahrnehmung und Ausgangspunkt jeglichen Handelns im ästhetischen Bereich. Im Blick auf die Kinderzeichnung und auf Schülerarbeiten gehen Form- und Zeichenfindung wie auch die Farbwahrnehmung bis in eine frühkindliche Kritzelphase zurück, in der einer „Theorie der bildenden Kunst“ von Gustav Britsch zufolge ein Fleck als ein „Gemeintes“, grenzhaft von seiner ungemeinten Umgebung abgehoben, wahrgenommen und beurteilt wird.

Semiose als Bildung von Bildzeichen

Ganz allgemein ist mit der Artikulation von Zeichen der Prozeß der Semiose – der Findung und Bildung von Zeichen – angesprochen (ein Beispiel dafür waren die individuellen Selbstdarstellungen der Viertkläßler als „Radfahrer“). Der Kunstunterricht strebt nun mit gezielten Aufgabenstellungen eine Erweiterung und Differenzierung des jeweiligen individuellen Zeichenbestands der Schüler an. Dies wird in der Regel durch eine bestimmte bildnerische bzw. inhaltliche Problemstellung erreicht. Das bringt einerseits eine gewisse Einschränkung der gestalterischen Freiheit, bringt aber andererseits für die Schüler möglicherweise Ungewohntes, Neues. In dem damit verbundenen Angebot des noch Unbekannten, Besonderen liegen aber die Chancen für vielfältige neue, kreative Lösungen; für das Aufbrechen von gewohnten Schemaformen, insgesamt für eine bildnerische Weiterentwicklung. Die Grundaufgabe des Artikulierens und Differenzierens von Zeichen führt letztlich zum Erwerb einer lebenslangen bildsprachlichen Kompetenz und Performanz; d. h., es erwächst daraus die allgemeine menschliche Fähigkeit, sich in Bildern auszudrücken und insbesondere Bilder aller Art zu verstehen und sinnvoll mit ihnen umzugehen.

Zum Begriff der Figur

In diesem Zusammenhang gewinnt der Begriff der Figur als ein aus einzelnen Form- bzw. Bildzeichen gefügter Zeichenkomplex besondere Bedeutung. In der Beschränkung auf die Einzelfigur kann eine mögliche Differenzierung in zwei Richtungen verlaufen: Einmal geht es um ein möglichst genaues denotatives Bezeichnen; etwa mit den Merkmalen („Erkennungssemata“, U. Eco, 1972) beim „Selbstbildnis“ bzw. in wechselnder Verkleidung („Wer guckt aus dem Karton?“, S. 76), eines „Dinosauriers“ (S. 50) oder eines „Fahrrads“ (S. 4f) u.a.m.
Die andere Seite zielt auf ein konnotativ-emotionales Sich-Ausdrücken; etwa bei den „Fahrradartisten“ (S. 4, Abb. 7 und 8), den „Tanzfiguren“ (S. 32), dem „Zauberer Blaubart“ (S. 38) oder den grotesken „Quasselköpfen“ (S. 56). Hier ist nicht zuletzt auch Mimik und Gestik angesprochen. Bei der Problemstellung, zu zeigen „was das für eine Figur ist“ und „wie die Figur ist“ bzw. wie sie handelt, z.B. beim „Zeitungsdschungel“ (S. 70f) oder den „Bewegungsspielen“ (S. 78), können den Schülern beide Aussagearten einsichtig werden.

Das wortsprachliche Namenwort „Quasselkopf" wird z. B. als „ikonische Aussage" (U. Eco, 1972) gebildet aus einer überdimensionierten Mundöffnung, evtl. hervorgehobenen Lippen und Zähnen und einem Klappmaul als „Erkennungssemata". In diesen Zeichen ist die spezielle Eigenschaft der Geschwätzigkeit einer solchen Figur angelegt.

Fächerverbindende Aspekte der Artikulation und Differenzierung von Zeichen im Sprachunterricht,

Im Sprachunterricht des 3./4. Schuljahrs stellt sich Artikulation und Differenzierung von Zeichen insbesondere als handelnder Umgang mit Wortfeldern und -bedeutungen, speziell auch mit Nominalphrasen dar. Der Viertkläßler begegnet dort ähnlichen Problemen des Auswählens, Kombinierens, des Austausches und Ersetzens (Substitution) von Wörtern, insbesondere von charakterisierenden Adjektiva.

in der Musik,

Ins Musikalische übertragen geht es dabei um das Wahrnehmen und Erzeugen von Klängen. In freier und konventioneller grafischer Notation wird im Finden und Auswählen von Formzeichen zur grafischen Aufzeichnung musikalischer Vorgänge dieses fächerverbindende Gestaltungsprinzip besonders einsichtig.

im Sport,

In Sport und Bewegungserziehung ist das Prinzip der Wahrnehmung und Ausführung von Bewegungsformen und pantomimischen Zeichen zu erkennen, insbesondere im Ausdruckscharakter der bewegten menschlichen Figur bei vielfältigen Improvisations- und Bewegungsaufgaben.

in der Mathematik

In der Mathematik steht der Wahrnehmungsaspekt im Vordergrund, als ein Ausgrenzen, Vergleichen, Unterscheiden von geometrischen Formen und mathematischen Zeichen. Zugleich ist aber damit auch das Ordnen, Sortieren und Zusammenfassen nach verschiedenen Merkmalskategorien verbunden.

Beziehungsgefüge von Formen/Zeichen

Formen, Farben, Körper und Raum aufeinander beziehen, Bildzeichen zu einer bildsprachlichen Aussage zusammenfügen, verstehen und anwenden.

Beziehungsgefüge als Komposition

Beim In-Beziehung-Setzen und Fügen von Dingen wird gegenüber dem Ausgrenzen sehr viel stärker eine aktive, generative Komponente wirksam, die sich in der Kunst ganz allgemein als Komponieren bezeichnen läßt. Das lateinische „componere" als ein Zusammensetzen/Zusammenstellen geschieht dort in erster Linie im Herstellen von Aussagen, Bedeutungen, Wirkungen. In der Gegenwartskunst stellt sich dies oft als Collage, Montage, Assemblage oder auch als Environment dar. Es gilt dort das gleiche Prinzip wie in Bildern der traditionellen Kunst oder in Zeichnungen der Kinder, in denen diese Menschen, Tiere, Pflanzen, Häuser, Gegenstände als Figuren zueinander in Beziehung setzen. Während der Grundschulzeit geschieht dies in der Regel noch in einem Standlinienbild, in dem die Figuren zwischen einem „Himmel" und einer Standlinie oder -fläche als „Boden" gereiht oder gestreut erscheinen. Gegen Ende der Grundschule lassen sich erste räumliche Ansätze in einem überdeckenden überschneidenden Davor und Dahinter beobachten.

Bildsprachliches Beziehungsgefüge als „Satz" bzw. Bildtext

Aus dem Zueinander von Figuren in Fläche und Raum, insbesondere in ihrer „Richtungsveränderlichkeit" lassen sich bildsprachliche Aussagen erzeugen, die denen eines ganzen Satzes oder Textes entsprechen (S. 4, Abb. 2: „Ich sitze gemütlich auf dem Fahrrad" oder Abb. 3 „Ich kann auf meinem Fahrrad einen Handstand machen"). Solche Bildaussagen können dann zu ganzen Bildfolgen bzw. Bildgeschichten erweitert werden, die im 3./4. Schuljahr oft schon recht komplexe Erzählstrukturen aufweisen.

Kontrastieren und Polarisieren

Mit dem Herstellen eines Beziehungsgefüges ist meist auch ein Kontrastieren und Polarisieren verbunden, ein Ausspielen von Gegensätzen wie groß – klein, schön – häßlich, laut – leise u. a. m. Ein diesbezügliches Denken in Gegensatzpaaren ist bei Grundschülern stark ausgeprägt. Entsprechende dialogische Gegenüberstellungen können nicht nur in ihren Bildern, sondern vor allem auch in Spielszenen des darstellenden oder Figurenspiels beobachtet werden, etwa im Zwiegespräch der „Quasselköpfe“ (S. 56).

Fächerverbindende Aspekte im Sprachunterricht,

Im Sprachunterricht stellen sich Beziehungsgefüge als Aussagen verschiedenster Art in Sätzen und Texten dar. Im 3./4. Schuljahr bietet sich eine gute Gelegenheit, die oft schon recht komplexe Struktur eigener Bildgeschichten im Blick auf den Aufsatzunterricht heranzuziehen oder auch die Schüler für das szenische Figurenspiel kleine Dialoge verfassen zu lassen.

in der Musik,

im Sport,

in der Mathematik

In der Musik werden Beziehungsgefüge im rezeptiven, reproduktiven und produktiven Umgang mit Musikstücken erfahren. Sie finden sich dort als Melodien, Motive, Sequenzen. Im Sport kann man sie als in sich geschlossene Bewegungsabläufe verstehen, bei Partner- und Gruppenspielen auch im Wechsel von Agieren und Reagieren. In der Mathematik schließlich wird das Prinzip des Aufeinander-Beziehens in mathematischen Aussagen in Form von Gleichungen und Relationen erkennbar.

Experimentieren und Verändern

Materialien und Gegenstände auf ihre Eigenschaften und gestalterischen Möglichkeiten untersuchen. Gegenstände, Bildzeichen, Figuren in einer bestimmten Wirkungsabsicht umdeuten.

Finden als kreatives Wahrnehmen

Beim Experimentieren geht es zunächst um das Finden als einem Akt kreativen Wahrnehmens. Ein solches Finden wird bei den Kindern von einer wohl bei allen anzutreffenden Neugierhaltung geleitet, einem Offensein für vielerlei Dinge, die man irgendwie „gebrauchen“ kann. Ein sich auf entsprechende Fundstücke richtendes Experimentieren beruht wiederum auf einem Denken in Gegenständen und deren Beschaffenheit, indem man sie untersucht und befragt, was sie „bedeuten“ könnten und was man aus ihnen machen könnte (C. Lévi-Strauss, 1968).

Das „Prinzip Umgestaltung“

In dem Zusammenhang spielt das „Prinzip Umgestaltung“ eine wichtige Rolle. Umgestaltung ist insofern eine Sonderform des Gestaltens, als hier bereits Gestaltetes bzw. Geformtes, auch bereits Gebrauchtes zum Anlaß für neue Gestaltung wird. Dabei werden Gegenstände und Materialien aus ihrem bisherigen Funktions- und Bedeutungszusammenhang gelöst und in einer neuen bildnerischen Zielsetzung zusammengefügt. Schüler können z. B. einen Tisch möglicherweise zu einem „Haus“ umfunktionieren, oder, auf den Kopf gestellt, zu einem „Schiff“. Dritt- und Viertkläßler sind sehr schnell bereit, das Mobiliar des Klassenzimmers oder die Sportgeräte der Turnhalle für ihre Zwecke umzufunktionieren, etwa nach Aufgaben wie „Zugedeckt und doch zu sehen“ (S. 60) oder „Als die Spinnen ins Land der Leitern kamen“ (S. 68).

Verändern als bildnerisches Prinzip

Beim Verändern stellen sich dem Handelnden immer die gleichen Fragen: Was geschieht, wenn ich an dieser oder jener Stelle in das Bestehende eingreife, diesen oder jenen „Zug“ mache? Welche neue Bedeutung ergibt sich? Verändern nimmt oft den Charakter des Spielerischen an und kommt damit den Denk- und Handlungsweisen der Grundschüler entgegen.

Veränderung als Verfremdung

Umgestalten und Verändern setzen bereits Vorhandenes voraus. Es geht zumeist von einer Normalität, vom Gewohnten, Geregelten aus, das in kreativer Absicht „aufs Spiel gesetzt“ wird. Die durch beabsichtigte Veränderung erzeugte Verfremdung des Bisherigen erhält im Rahmen ästhetischer Erziehung seine Bedeutung als ein Aufbrechen eingeschliffener Wahrnehmungsmuster. Verfremdung ermöglicht dadurch eine neue, unvoreingenommene und unverstellte Wahrnehmung und damit echtes Verstehen.

Fächerverbindende Aspekte des Experimentierens und Veränderns in der Sprache, in der Musik, im Sport

Der Sprachunterricht der Grundschule wendet experimentierendes Verändern beim Spielen mit Buchstaben, Wörtern, Satzteilen und Sätzen an. Hierbei – wie übrigens auch im Kunst- und Musikunterricht – spielen Operationen des Austauschens/Ersetzens (Substitution), Umstellens/Umwandelns (Permutation), aber auch des Verminderns/Tilgens/Verschwindenlassens (Deletion) oder des Vergrößerns/Erweiterns (Adjunktion) eine Rolle.
In der Musik finden entsprechende Operationen beim experimentierenden Umgang mit Stimme, Klangmaterialien, Instrumenten, in Klangaktionen und nicht zuletzt beim Verändern/Umgestalten/Transponieren von Melodien und Musikstücken Anwendung. Im Sport wird es in der spielerisch-unkonventionellen Verwendung von Gegenständen und Sportgeräten und im Erfinden neuer Bewegungsmuster wirksam.

Form-Grund-Beziehung (Körper/Raum)

Eine Form in ihrer Umgebung wahrnehmen und die wechselseitige Beeinflussung von Form und Grund erkennen.

„Gemeinte Form" und nichtgemeinte Umgebung

In seinen Grundaufgaben nannte Reinhart Pfennig die Verbindung von Form und Grund an erster Stelle. Dies vor allem im Blick auf die Farbe und das Malen. Für Grundschüler bedeutet dies in der Tat eine vorrangige Aufgabe. Für sie steht von ihrer bildnerischen Denkgewohnheit her das Aus- bzw. Abgrenzen von Formen und Körpern noch im Vordergrund, wogegen deren jeweilige Umgebung als „nichtgemeint" auch nicht bildnerisch „beurteilt" wird, wie dies Gustav Britsch zutreffend beschrieben hat.
In ihren Zeichnungen und gemalten Bildern bleibt die Fläche zwischen dem blauen Streifen des „Himmels" am oberen und dem „Boden" am unteren Bildrand meistens leer, sozusagen als „Luft" zwischen den einzelnen Figuren und Bildformen. Das entspricht der kindlichen Neigung, Figuren sich nicht direkt berühren, überdecken, überschneiden zu lassen. Die Erfahrung, daß gerade auch die zunächst nicht bewußt wahrgenommene Umgebung eine gemeinte Form oder Figur in ihrer Wirkung beeinflußt, gehört zu den grundlegenden Aufgaben einer ästhetischen Elementarerziehung („Wo ist er denn?", S. 48). Sie beschränkt sich nicht nur auf den visuellen Bereich und dort auch nicht nur auf die Farbe, es geht dabei auch um vielfältige Organerfahrungen beim Tasten, Hören und Sich-Bewegen in unterschiedlichen räumlichen Situationen („Zugedeckt und doch zu sehen", S. 60 oder „Als die Spinnen ins Land der Leitern kamen", S. 68).

Fächerverbindende Aspekte der Form-Grund-Beziehung in der Sprache, in der Musik,

Beim Lesen und Schreiben ist die optische Form-Grund-Wahrnehmung in der Schriftgestaltung bzw. der Typographie angesprochen, dort etwa im Hervorheben einzelner Wort- und Textteile. In der akustischen Wahrnehmung beim Sprechen von Texten geht es um ein stimmliches Interpretieren, auch um ein Differenzieren oder Lokalisieren von Lauten, Tönen, Geräuschen. Übergänge zur Musik sind dabei fließend. Dort handelt es sich hauptsächlich um ein (auch räumliches) Unterscheiden von Klängen, des weiteren um differenzierendes Wahrnehmen komplexer Hörbeispiele in der wechselseitigen Beeinflussung einzelner Stimmen und Instrumente.

in Sport und Bewegungserziehung, in der Mathematik

In Sport- und Bewegungserziehung ist es vor allem der Bezug der sich bewegenden Person zu ihrer Umgebung, welche die wechselnden Raumsituationen in Spielfeld, Halle, Bahn, Parcours, Bewegungslandschaft jeweils wahrnimmt und ausnutzt. In der Mathematik findet sich das Figur-Grund-Prinzip in Positiv-Negativbildern, Achsensymmetrie und Spiegelbildern.

Wahrnehmen und Darstellen von Bewegung

Gedachte und wirkliche Bewegung als Veränderung von Formen, Gegenständen und Figuren in Fläche, Raum und Zeit darstellen (von einem Hier zu einem Dort und von einem Anfang zu einem Ende).

Bewegung als Formung bildnerischer Vorgänge

Im bildnerischen Bereich findet Bewegung in vielfältiger Weise statt. In der frühen Kinderzeichnung wird sie in Bewegungsspuren und in zunehmend differenzierterer Richtungsveränderlichkeit einzelner Figuren sichtbar. Reinhart Pfennig sieht das Moment der Bewegung bei der „Formung von Vorgängen" in Aktionen zwischen bildnerischen Ausdruckskräften. Paul Klee und Wassily Kandinsky führten eine diesbezügliche Erörterung mit der Vorstellung vom Punkt als sich bewegendem Agens bzw. einer fortschreitenden Entwicklung von „Punkt zu Linie und Fläche". Angesichts der Statik von Bildern fällt es oft schwer, in oder an ihnen Bewegung festzustellen. Dies gilt auch für die manchmal etwas steif wirkenden Figuren in Kinderzeichnungen, obwohl gerade sie oft einer überaus lebhaften, kindlichen Bewegungsphantasie entspringen (S. 4-5, Abb. 1–8).

Bewegung als rhythmische Farb- und Linienspur

Sehr viel leichter kann Bewegung unmittelbar im Prozeß des Machens als Rhythmus erfahren werden. In Aufgaben, in denen rhythmisches Körpergefühl weitgehend losgelöst von gegenständlicher Darstellung die Gestaltung bestimmt (etwa in den Schnurdruckarbeiten zu „6 Tänzchen in Holz", S. 32), entwickeln die Grundschüler ein ähnlich abstraktes Denken wie die genannten Bauhauskünstler. Es läßt sich auch da beobachten, wo Schüler für ihre Schattenspielfiguren kleine szenische Bewegungsskizzen anfertigen, z. B. von der wunderbaren Flugmaschine die zunächst nur auf- und abhüpft, mühsam startet, vom Wind durch die Luft gewirbelt wird dann aber sanft und elegant zu Boden gleitet. (Ähnliche grafische Notationen sind auch im Sportunterricht möglich, wenn man die Kinder auffordert, einen soeben geprobten Bewegungsablauf oder dessen mögliche Alternativen aufzuzeigen.)

Fächerverbindende Aspekte von Rhythmus und Bewegung

Rhythmus bzw. Rhythmisieren als bildnerisches Prinzip kennt die Kunsterziehung seit den Tagen der Kunsterziehungsbewegung um die Jahrhundertwende (W. Krötzsch, o. J.). Mit der gegenseitigen Öffnung der Schulfächer im Rahmen ästhetischer Erziehung erfährt das Schulfach Bildende Kunst von seiten der Musik, Bewegungserziehung und Sprache eine wesentliche Ergänzung. So gewinnt z. B. das Figurenspiel durch Klangillustration und vorausgehende Sensibilisierung für verschiedene Bewegungsarten eine ganz neue Dimension.

im Sprachunterricht, in der Musik und im Sport

Im Sprachunterricht kommt das Moment der Bewegung in der Schreibmotorik und im rhythmischen Sprechen zur Geltung. In der Musik betrifft es vor allem die musikalischen Zeitmaße; entsprechend sind es bei Sport und Bewegungserziehung unterschiedliche Bewegungsarten und Tanzformen.

Ordnen und Gruppieren

Formen, Farbflecke, Gegenstände und Figuren als elementare bildnerische Bausteine erkennen und sie zu größeren Zusammenhängen ordnen und gruppieren.

Der „Hauptgegensatz dividuell – individuell"

Bei diesem Gestaltungsprinzip steht weniger Zu- und Einordnen nach bestimmten Merkmalskategorien im Vordergrund, als vielmehr ein Anordnen gleichartiger Elemente zu höheren Einheiten. Paul Klee nannte das den „Hauptgegensatz dividuell – individuell": Unteilbare, in sich geschlossene Einheiten können, beliebig vermehrt, Teile eines größeren Gestaltzusammenhangs werden. Das gilt für einen Farbfleck ebenso, wie z. B. für die Einheit „Haus" oder das Individuum „Mensch". Als „Dividuen" in vermehrter Vielzahl bilden sie gestalthafte Ordnungen und Gruppierungen: Farbflecke werden zu Mustern und Ornamenten; Häuser schließen sich in einer jeweils höheren Ordnung zu Häuserblöcken, Wohnvierteln, Städten, Stadtlandschaften zusammen („Versunkene Ruinenstadt“, S. 58); Menschen können Teil einer Gruppe, Mannschaft, Kolonne, eines wenig geordneten Haufens oder einer Menschenmasse werden, in denen sich, zumal in den letzteren Beispielen, ihre Individualität ganz oder teilweise verliert. Bei Tieren gibt es u. a. Rudel, Schwarm, Herde, Stock als gestalthafte Ordnungsformen. Bei Pflanzen und Bäumen etwa ein Moospolster, ein Beet, ein Getreidefeld, eine Hecke, ein Gehölz, ein Wald...

Fächerverbindende Aspekte in Sprache, in der Musik,

Im Sprachunterricht findet sich das Prinzip im gestalthaften Anordnen von Schrift bzw. Typographie als Zeile, Kolumne, Seite. Die Musik kennt das Ordnen und Gruppieren beim Musizieren von Chor und Orchester im Gegensatz von Solo und Tutti, ebenso bei der Bildung von Clustern als einer Bündelung bzw. Ballung von Tönen.

in Sport- und Bewegungserziehung

In Sport- und Bewegungserziehung gilt dieses Prinzip bei der Bildung von Riegen, Mannschaften, Tanzformationen.

Planung von Kunstunterricht

Die in diesem Heft aufgezeigten Unterrichtsideen haben zwar alle ein Thema bzw. ein Motiv, das auch den Titel für die jeweilige Aufgabenstellung lieferte. Dessen endgültige Formulierung ergibt sich jedoch zumeist erst im Verlauf der Unterrichtsplanung, nachdem Zielsetzung und Inhalt der jeweiligen Aufgabe feststehen. Das Motiv bietet den Schülern einen inhaltlich motivierenden Einstieg und Aufhänger für das jeweilige Thema und die damit verbundene bildnerische Problematik.

Thema und Motiv als Endergebnis von Planung

Bildnerische Prozesse und ästhetische Objekte als Inhalte des Kunstunterrichts

Die eigentlichen Inhalte des Kunstunterrichts sind nach der Definition von Gunter Otto „bildnerische Prozesse und ästhetische Objekte“. Die ersteren zielen auf Erfahrungen ab, welche die Kinder in selbsttätigem Handeln machen. Im zweiten geht es um Einsichten und Erkenntnisse, die sie in der Auseinandersetzung mit Bildern und Gegenständen aller Art gewinnen, indem sie diese beschreiben, vergleichen, beurteilen, deuten.

Die generative Funktion von Gestaltungsprozessen

Den bildnerischen Prozessen und ästhetischen Objekten liegen die bereits eingehend erörterten Gestaltungsprinzipien zugrunde. Sie finden in den verschiedenen fachlichen Arbeitsbereichen ihre jeweils spezifische Ausprägung. Im Zusammenwirken von Gestaltungsprinzipien als einer Art „generativer Prinzipien“ (G. Bräuer, 1989), und Arbeitsbereichen lassen sich dann gezielt entsprechende Aufgaben „erzeugen“ und läßt sich auch der für die jeweilige Altersstufe und Klassensituation passende thematische Einstieg finden. Die nachstehend abgebildete Matrix gibt einen Überblick über mögliche Inhalte und Problemstellungen. Bei den dort aufgeführten „Unterrichtsideen“ wurde versucht, dieses Raster möglichst gleichgewichtig abzudecken. Bei nicht wenigen Aufgaben sind zwei oder mehrere gestalterische Prinzipien gleichzeitig angesprochen. In diesen Fällen steht ein Prinzip im Vordergrund, während andere ohne direkte Zielsetzung mitthematisiert werden.

Gestalterische Grundprinzipien \ Arbeitsbereiche	Zeichnen/Grafik	Farbe/Malerei	Körper/Raum	Spiel/Aktion
Finden von Formen, Artikulieren und Differenzieren von Zeichen	Schwein, Vogel oder Drache (S. 22) Was den Briefwechsel des ehrwürdigen Abu Rhizinus betrifft (S. 24)	Natur erleben – Natur malen (S. 36) Im blauen Land des Zauberers Blaubart (S. 38) Ich bin ich – und du bist du (S. 42)	Allerlei Quasselköpfe (S. 56) Versunkene Ruinenstadt (S. 58)	Als die Spinnen ins Land der Leitern kamen (S. 68)
Zuordnen von Formen, Beziehungsgefüge von Zeichen		Farbformen ins Bild gebracht (S. 44) Das Änderhaus (S. 48) Wo ist er denn? (S. 50)		Raumaktionen mit Zeitungen (S. 70)
Experimentieren und Verändern	Die Haut des Dinosauriers (S. 26)	Malen wie die Aborigines (S. 52)		
Form – Grund (Körper – Raum) – Beziehung	Katze mit Glatze (S. 28)		Zugedeckt und doch zu sehen (S. 60)	
Wahrnehmen und Darstellen von Bewegung	6 Tänzchen in Holz (S. 32)		Buntbewegte Träume – Schattenfigurenspielfiguren aus farbiger Folie (S. 62)	Wer schaut aus dem Karton? (S. 76) Wind – Wasser – Wolken und wir (S. 78)
Ordnen und Gruppieren			Tor nach Fantasien (S. 66)	

Wahrnehmungsübungen und Bildbetrachtung im Kunstunterricht

Damaris Scholler

Mit offenen Augen, gespitzten Ohren und der Nase im Wind

„Lernen mit allen Sinnen"

Das Betrachten von Kunstwerken, die Auseinandersetzung mit ästhetischen Produkten aber auch das Wahrnehmen von Natur und Umwelt sind wichtige Aspekte des Kunstunterrichts. Aus diesem Grund ist es von Bedeutung, die Kinder zunächst für ihre Sinneswahrnehmungen zu sensibilisieren. Das bedeutet: Bewußt sehen, genau beobachten, Gerüche wahrnehmen, Oberflächen ertasten, Laute und Geräusche identifizieren („Ich bin ich und du bist du", S. 42; „Natur erleben – Natur malen", S. 36). Es ist wichtig, die Situationen im Unterricht zu erkennen, in denen „Lernen mit allen Sinnen" möglich ist und Handlungsanlässe zu schaffen, in denen die Kinder ihre Wahrnehmung auf unterschiedlichen Ebenen üben können.

Die Kunstbetrachtung

Raum für eigene Gestaltungsideen

Beschäftigt man sich mit einem Kunstwerk, können je nach Schwerpunktbildung die Farben, die Formen, die Komposition und/oder die Stimmung Inhalt der Betrachtung sein. Die Art und Weise, in der ein Kunstwerk in den Unterricht einbezogen wird, kann das kindliche Gestalten in Bezug auf Vorstellungsbildung, Kreativität und Motivation beeinflussen. Aus diesem Grund wird die Kunstbetrachtung oft als Auslöser für Gestaltungsprozesse im Unterricht eingesetzt. Gestaltungsaufgaben, die sich sinnvoll an eine Kunstbetrachtung anschließen, müssen den Kindern Raum für eigene Gestaltungsideen und Variationsmöglichkeiten bieten. Zum Beispiel in Bezug auf das Motiv, die Stimmung, die Farbwahl oder auch die Technik. Dabei darf es jedoch in keinem Fall darum gehen, Kunstwerke nachzuempfinden oder abzumalen. Vielmehr schaffen die Kinder in einem Prozeß der Umgestaltung „Ihr Bild" („Ich bin ich und du bist du", S. 42; Anfangsunterricht Kunst, 1./2. Schuljahr „Frühlingsbild", „Zackenband und roter Kreis").

Wahrnehmungsübungen in der Natur

Die lebendige Begegnung mit Umwelt, Tieren oder Natur eröffnet viele Situationen für Wahrnehmungsübungen und bietet unzählige Motive zur gestalterischen Umsetzung im Kunstunterricht. Auch hier bieten sich Wahrnehmungsübungen zur Vorbereitung von Gestaltungsaufgaben an, um die gewonnenen Eindrücke zu verarbeiten und darzustellen, aber auch um ein bildnerisches Problem überhaupt überzeugend lösen zu können („Natur erleben – Natur malen", S. 36). Durch handelndes Erleben werden Kinder auf die Natur und ihre Erscheinungen aufmerksam. Sie nehmen Natur mit all ihren Sinnen wahr und entwickeln so Sensibilität für ihre Vielfalt, ihre Schönheit und Einzigartigkeit.

Sinnliches Erleben von Natur

Einige einfache Beispiele hierfür sind: Steine mit besonderer Maserung entdecken, mit nackten Füßen über eine Wiese gehen, frisch gemähtes Gras riechen, das Rascheln des Laubes im Herbstwald hören, Muscheln und Schneckenhäuser sammeln, Sand und Erde durch die Finger rieseln lassen, auf dem Rücken liegend Wolkenformationen am Himmel beobachten und den Geruch des Bodens nach einem Regenguß im Hochsommer durch die Nase ziehen lassen! Das alles ist sinnliches Erleben von Natur. Diese Erfahrungen können nicht durch Bilder, Bücher oder Filme vermittelt werden, sondern allein dadurch, daß Kinder Natur selbst erleben, sich in sie hineinbegeben und sich auf sie einlassen. Über die sinnliche Bereicherung und die ästhetischen Absichten hinaus, können Wahrnehmungsübungen in der Natur praktische Umwelterziehung sein.

Die Kinder entwickeln durch die intensive Auseinandersetzung mit Naturphänomenen ein zunehmendes Bewußtsein sowie positive Gefühle für die wichtigste Lebensgrundlage des Menschen.

Schülerarbeiten als Gegenstand der Betrachtung im Kunstunterricht
Die Auseinandersetzung mit den im Unterricht entstandenen, eigenen Bildergebnissen ist für die Kinder von großer Bedeutung und bildet so einen weiteren möglichen Bereich von Bildbetrachtung und Wahrnehmungsübung.
Dabei erlebt sich das Kind in zweierlei Hinsicht:
– Als neugierigen Betrachter der entstandenen Arbeiten.
– Als gespannten Zuhörer, möglicherweise auch ängstlichen Beobachter der Reaktionen auf das eigene Bild.

Eine Aufgabe - unterschiedliche Bildlösungen

Dabei erfährt das Kind, daß es viele unterschiedliche Bildlösungen zu einer Aufgabenstellung gibt und auch viele Meinungen dazu. Grundsätzlich gilt, daß das Betrachten, das Besprechen und Ausstellen der Schülerarbeiten immer eine Wertschätzung der geleisteten Arbeit darstellt. Im gemeinsamen Gespräch kann gegenüber ungewöhnlichen oder auch abweichenden Bildlösungen seitens der Kinder eine höhere Akzeptanz, Verständnis und Wertschätzung angebahnt werden. Die eigene Bildidee kann im Zusammenhang mit den anderen Arbeiten relativiert werden. Aus dem Blickwinkel des fächerverbindenden Unterrichts stellen Bildbetrachtungen Sprechanlässe dar und leisten ihren Beitrag zur Begriffsbildung, Wortschatzerweiterung und Ausdifferenzierung der sprachlichen Fertigkeiten. Kinder haben ein starkes Mitteilungsbedürfnis und wollen in der Regel gerne über ihre Bilder sprechen. Dabei reflektieren sie die eigene Vorgehensweise, was soviel bedeutet wie das Bild „mit eigenen Worten“ zu malen. Eine bedeutsame Erfahrung ist es, wenn die „anderen“ über „mein“ Bild sprechen oder ich selbst „mein“ Bild beschreibe. Hier bedarf es einer sachlichen Atmosphäre und fairen Verhaltens seitens der Kinder, damit die Situation nicht zum „Verriß“ wird. Auch das Sprechen über Bilder oder Malvorgänge braucht Übung, und es ist festzustellen, daß sich peinliches Schweigen oder Einsilbigkeit seitens der Kinder recht schnell in interessiertes Fragen, kreative Beschreibungen oder kurzweilige Berichte wandeln können. Damit das Betrachten der entstandenen Werke am Ende einer Gestaltungsaufgabe nicht zur langweiligen „Tortur“ wird, ist es notwendig, auch hier die Vorgehensweise sowie die Schwerpunkte jeweils zu variieren, denn nicht jedes Bild muß (darf) im gleichen Schema besprochen werden; es gibt durchaus Bilder, die man auch ohne Worte zu verlieren betrachten kann.
Gewöhnlich äußern sich die Kinder unter Anleitung zu einigen im bildnerischen Thema enthaltenen Schwerpunkten. Dabei gibt es viele Zugehensweisen, Thema oder bildnerische Erfahrungen und Kenntnisse zu vertiefen. Kontrastierende Bilder können betrachtet werden. Der spielerische Umgang mit den Bildergebnissen kann im Vordergrund stehen, z.B.: Titel erraten, ein bestimmtes Bild erraten, Dinge auf ihre Ursprünge zurückführen (Materialcollage). Der Entstehungsprozeß kann im Vordergrund stehen, ebenso wie Erfahrungen mit einer neuen Technik.

Die Präsentation von Schülerarbeiten
Schülerarbeiten sind wertvolle Ergebnisse geistiger, kreativer und handwerklicher Fähigkeiten und Fertigkeiten, bei denen die Kinder ihre ganze Persönlichkeit eingebracht haben. Deshalb ist es bedeutsam, Platz im Schulhaus oder im Klassenzimmer zu schaffen, an welchem die Bilder präsentiert werden können. Dabei ist die Form der Präsentation entscheidend und sollte der Schülerarbeit, aber auch dem Motiv gerecht werden und in besonderer Weise zur Geltung kommen lassen. „Kinderkunst“ ist nicht ausschließlich Selbstzweck, sondern kann auch Räume gestalten, sie wohnlicher machen und zur Schule als Lebensraum beitragen.

Fächerverbindend auch im Anfangsunterricht Kunst?

Sibylle Hirth-Schaudt

„(...) und daß man sich fragt, was ist denn überhaupt die Aufgabe der Erziehung, welche Methodik ist die richtige, und daß das künstlerische oder kreative Element übergreifen muß. Es geht darum, den isolierten Kunstunterricht an der Schule abzubauen und das Künstlerische zur Methodik überhaupt zu machen, zur Methodik im Mathematikunterricht, im Physikunterricht, in Deutsch usw. Heute müßte der Kunsterzieher in der Schule, wenn er ideal wäre, eine Kenntnis auch von allen anderen Disziplinen haben. Er müßte zumindest genau Bescheid wissen, was sein Schüler oder das Kind im Augenblick bei anderen Lehrern macht.
Im Mathematikunterricht müßte der Kunsterzieher danebenstehen. Überall müßte er danebenstehen. Ich glaube, daß man eines Tages davon abkommen muß, daß man 1 oder 2 Stunden Kunstunterricht in der Woche gibt. Man wird später in Mathematik malen, man wird in der Physik wunderbare Plastiken machen, man wird auch Zeichnungen machen zu den entsprechenden Naturvorgängen, die erforscht werden. Bei wissenschaftlichem Inhalt wird man die bildnerische Imagination einsetzen."
(Joseph Beuys in einem Interview, 1969)

Das Klassenlehrerprinzip – Chance für fächerverbindenden Unterricht
Über die Praxis des meist zusammenhanglos nebeneinander gereihten Fachunterrichts mit vielen Bezugspersonen, die unkoordiniert nebeneinander unterrichten, wird in den weiterführenden Schulen immer wieder geklagt. Klassenlehrer in der Grundschule können ihren Unterricht dagegen zeitlich, räumlich und inhaltlich flexibler gestalten und optimale Rahmenbedingungen schaffen.
Die Erfahrung zeigt, daß Lehrerinnen und Lehrer, die sich in mehreren Fachgebieten Kompetenz erworben haben, fächerverbindende, integrative Aspekte häufig und organisch in ihrem Unterricht verwirklichen. Dies begünstigt auch das Einbeziehen der sonst nur an der Peripherie angesiedelten Fächer wie Kunst und Musik. Immer wieder findet sich ein Thema, das daraufhin angelegt ist, Fächergrenzen zu überschreiten und eine projektorientierte Umsetzung verlangt (z.B. Darstellendes Spiel). Daneben denken wir an elementare Lernprozesse mit verwandter/vergleichbarer Struktur, die in verschiedenen Fächern als Grundprinzipien erkennbar werden. Beispiel: Ordnen und Gruppieren als gestalterisches Grundprinzip in Kunst, Textilem Werken, Musik, Mathematik, Deutsch und Sachunterricht. Lehrerinnen und Lehrer, die ihre Fächer abgestimmt unterrichten, können zu gegebener Zeit durch Querverweise verwandte Strukturen aufzeigen. Oft leisten Kinder selbst den Transfer, entdecken fächerverbindende Analogien und lernen vernetzt zu denken.

Themen, die Fachgrenzen überschreiten

Schließlich geht es auch um die Art und Weise, wie unsere Lernstoffe vermittelt werden, wie man Kindern gestattet, sich diese anzueignen und Wissen, Fertigkeiten und Kenntnisse selbständig anzuwenden. In neuerer Literatur spricht man in diesem Zusammenhang von übergangener Sinnlichkeit und plädiert für ein Körpercurriculum für Lernen mit Kopf und Hand. Im Sinne ästhetischer Erziehung kann ausgehend vom Klassenlehrerprinzip besonders ganzheitlich geplant, mehrkanalig, handlungsorientiert und körperbezogen gelehrt und gelernt werden.

Lernen mit Kopf und Hand

Kunstunterricht – fächerverbindend

Gemeint ist eine additiv oder integrativ wirksame Beziehung zu anderen Fächern, bei der das Fach Kunst mehr als nur zur dekorativen Verzierung beitragen kann. Oft ergibt sich der fächerverbindende Impuls durch ein Motiv/Thema, das neben kunstspezifischen Lernbereichen auch auf andere Fächer übergreift (additiv).

„Aufeinander angewiesen um der Sache willen"

Alle Fächerverbindungen erhalten ihre didaktische Legitimation erst, wenn aus den beteiligten Fächern je eigene fachspezifische Inhalte eingebracht werden, ohne die „das Ganze" des Phänomens unvollständig bliebe. Die Fächer sind um der Sache willen aufeinander angewiesen. Dabei kommt es vor, daß wir uns spezifischer Lernwege bedienen und uns beim anderen Fach nützliche mediale Hilfe holen, wobei mehrere Eingangskanäle benutzt und analoge Sinneserfahrungen einbezogen werden (visualisieren von Musik, grafische Zeichen für Raumwege, Bewegung und Bewegtes bildnerisch sichtbar machen, Geschichten und Texte in Bildern darstellen).

Beispiele für additive und integrative Fächerverbindung

Beispiele hierfür sind:
- „Malen wie die Aboriginees" (S. 52). Dieses Thema hat neben einer Einführung in maltechnische Zusammenhänge auch einen kulturgeschichtlichen Aspekt, der sich im Sachunterricht vertiefen ließe.
- „Wind, Wasser, Wolken und wir" (S. 78) und „6 Tänzchen in Holz" (S. 32). Beide Themen greifen über auf Bewegungserfahrungen aus dem Bereich Sport.
- „Was den Briefwechsel des ehrwürdigen Abu Rhizinus betrifft" (S. 24). Das Erfinden von Schriftzeichen und Schrift im Kunstunterricht bezieht Erfahrungen im Bereich Deutsch (Schreiben) und Kulturgeschichtliches mit ein.
- „Natur erleben – Natur malen" (S. 36). Naturbetrachtung im Rahmen ästhetischer Erziehung verbindet sich mit dem Anliegen der Umwelterziehung des Sachunterrichts.
- Im Beispiel „Katze mit Glatze" (S. 28) geht es zum einen um die Einführung in das grafische Druckverfahren des Linolschnitts (fachspezifisch), zum anderen um das Transformieren von Wortsprache in Bildsprache (Fächerverbindung von Kunst und Deutsch).
- Desweiteren sind es Themen aus dem Arbeitsbereich Spiel, die zwingend fächerverbindende Aspekte beinhalten (integrativ). „Allerlei Quasselköpfe" (S. 56) und „Wer schaut aus dem Karton" (S. 76).

Fachspezifisch und fächerverbindend – Hand in Hand

Nicht alle in Anfangsunterricht Kunst, 3./4. Schuljahr aufgenommenen Unterrichtsideen weisen fächerverbindende Bezüge auf. Aus dem themenzentrierten, vom Deutsch- und Sachunterricht dominierten Anfangsunterricht der ersten beiden Schuljahre führt der Weg in ein lerntheoretisch und lernpsychologisch begründetes Nebeneinander von fachspezifischem und überfachlichem Lernen.

Fachspezifische Erfahrungen in den Arbeitsbereichen

Im Kunstunterricht der Klassen 3 und 4 gibt es eine Reihe grundlegender, fachspezifischer Erfahrungen bezogen auf die Arbeitsbereiche und gestalterischen Grundprinzipien, die als Fachinhalte geordnet, präpariert und systematisiert den Zugang erleichtern.

Im Vordergrund stehen fachinterne Lernziele. Dabei ergeben sich auch Beziehungen und Verknüpfungen zwischen den verschiedenen Arbeitsbereichen:
- Arbeitsbereiche Farbe/Körper: „Versunkene Ruinenstadt" (S. 58).
- Arbeitsbereiche Farbe/Grafik/Spiel: „Buntbewegte Träume – Schattenspielfiguren aus farbiger Folie" (S. 62).
- Arbeitsbereiche Farbe/Körper/Raum: „Als die Spinnen ins Land der Leitern kamen" (S. 68).

Ein mehrperspektivisches Thema als Modell

Das Thema „Raumaktionen mit Zeitungen“ (S. 70) ist ein Beispiel für die vielfältigen Inhalte im Rahmen integrativer ästhetischer Erziehung. In der folgenden Grafik ist das Thema als ein Pool der Möglichkeiten in seiner Mehrperspektivität erschlossen.

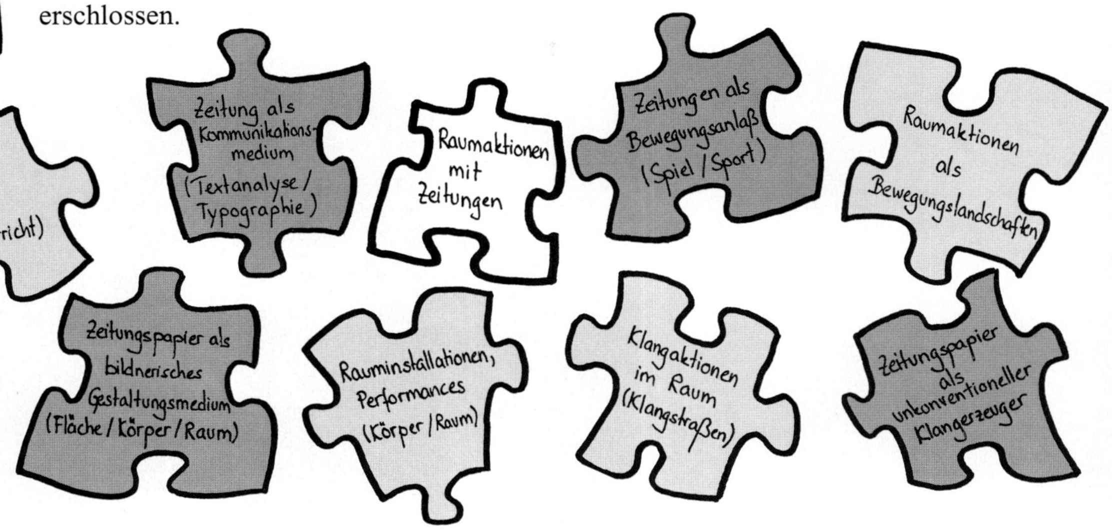

Entwickelt man daraus ein spezifisches Vorhaben, so ergeben sich verschiedene fachliche Inhalte, die zu Fächerkombinationen führen. Es kommt darauf an, welches der tangierten Fächer bestimmend wird. Im dargestellten Beispiel „Raumaktionen mit Zeitungen“ geht die Initiative vom Fach Kunst aus, das den Rahmen Raumaktion vorgibt, was die Arbeitsbereiche Körper/Raum und Spiel/Aktion verknüpft. Soll von Anfang an eine Fächerverbindung angestrebt werden, so ergibt sich statt additiver Anbindung eine gemeinsame Projektentwicklung bei der die Kinder entscheidend einbezogen werden und Teamteaching angesagt ist. Die folgende Grafik stellt dar, was aus den möglichen Perspektiven des Themas im fächerverbindenden Vorhaben „Dschungel“ im 4. Schuljahr verwirklicht wurde.

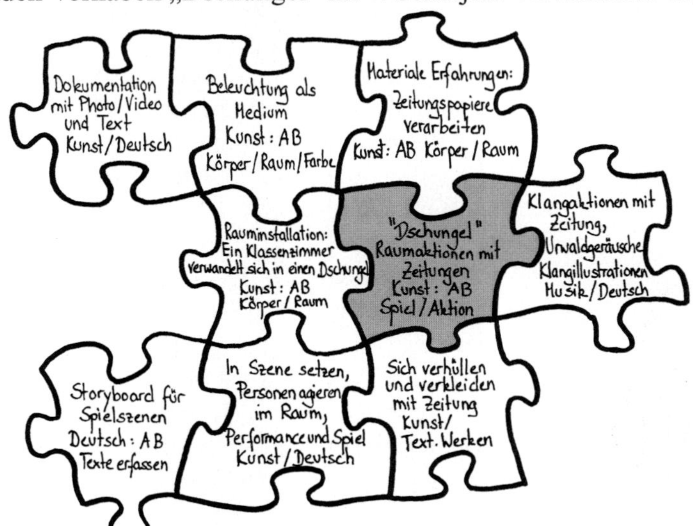

Raumaktion – Spielaktion – Performance

Unser Beispiel macht deutlich, wieviel Strukturverwandtes es in den künstlerischen Fächern gibt. Wenn wir dabei die zeitgenössischen Künste miteinbeziehen, bemerken wir, daß auch dort die Grenzen fließender geworden sind (Performance, Klangskulpturen, Installationen, kinetische Objekte, Tanztheater, …).

Schwein, Vogel oder Drache (Kl. 4)

Damaris Scholler

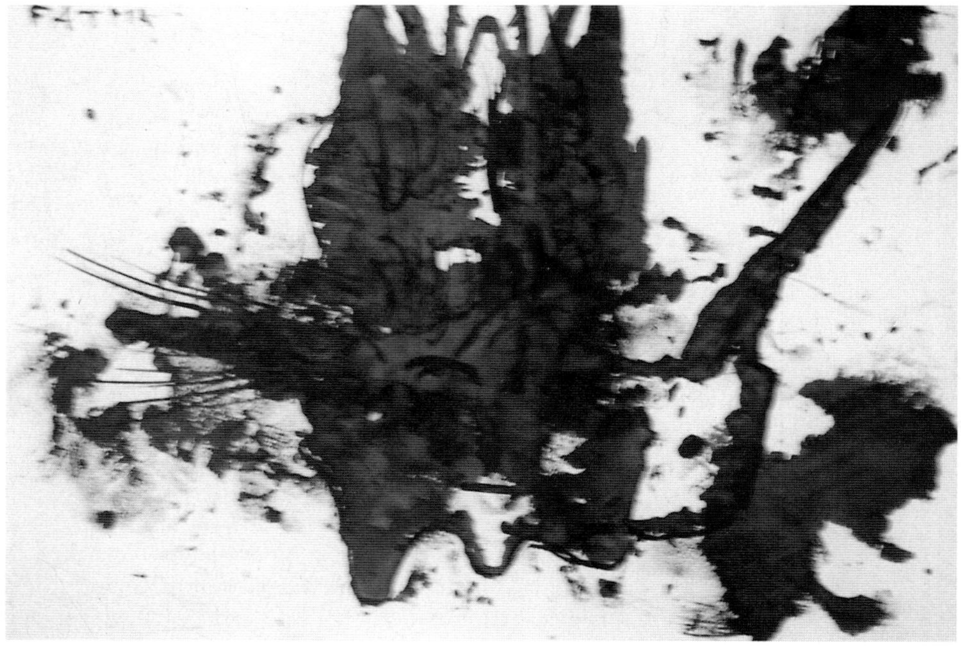

Fächerverbindend: Mathematik

Experimentelles Erproben und Ausdeuten grafischer Strukturen und Formen

Worum geht es?

Die Kinder experimentieren mit Zufallsformen, die sie selbst unter Anwendung der Abklatschtechnik (Décalcomanie) erzeugt haben. Die Technik der Décalcomanie beruht darauf, daß flüssige Farbe (hier: Tusche) auf ein Blatt Papier gegeben wird; durch Auflegen eines zweiten Blattes oder durch Falten unter leichtem Druck verteilt sich die flüssige Farbe zwischen den aufeinandergelegten Papierseiten. Dabei erzeugt sie unterschiedlich strukturierte Flächen und Formen. Im Mathematikunterricht findet diese Technik Anwendung bei Übungen zur Veranschaulichung von Symmetrie („Schmetterlingsbilder").
Künstlerische Anwendung fand die Technik durch Max Ernst (1891–1976), der sie zur Vollendung führte. (Hierzu folgende Beispiele aus seinem Werk: „Außerordentliche Landschaft", 1947; „Aquarell auf Papier" oder „Vogel", 1947.)

Erste Versuche mit der Technik

In Form einer kurzen Demonstration wird den Kindern die einfache, aber faszinierende Technik gezeigt. Danach erhalten die Kinder kleine Papierstücke und etwas mit Wasser verdünnte, schwarze Tusche. Stecknadelkopfgroße Tuschekleckse sollen nun mit Hilfe eines Haarpinsels auf das Papier gesetzt werden. Durch Abklatschen entstehen ungefähr daumengroße Flecken mit zerklüfteten Umrißlinien und unterschiedlichen Graustufen. Mit Tusche und einem Zahnstocher als Zeichengerät werden die Kleckse zu kleinen, filigranen Figuren und Männchen ausgedeutet und weitergestaltet. Arme, Beine, Kopf und Kleidung werden ergänzt – und schon „marschieren" lauter lustige Gesellen über das Papier.

Mit dem Zufall zaubern

Die oben beschriebene Technik wird nun auf größerem Format angewendet. Hierzu eignet sich gut geleimtes, glatt beschichtetes Papier (z. B. Kalenderpapierreste aus der Druckerei). Auf der Papierfläche DIN A 2 bis 3 werden nun regelrechte Tuschepfützen verteilt. Durch Abklatschen entstehen große strukturierte Flächen in vielen Grauwerten mit Farbrinnsalen, gezackten Konturen und zum Teil interessanter Binnengliederung.

Tiere, Wolken, Ungeheuer

Überrascht betrachten die Kinder die entstandenen Formgebilde. Zum Teil haben sie Schwierigkeiten mit ihren Abklatschergebnissen etwas anzufangen. Deshalb ist es wichtig, eine Phase des gemeinsamen Assoziierens einzubauen.

Fällt dir etwas ein? Was könnte das sein?

Diese Bilder aus dem Hades
Alle schwarz und schauerlich,
Haben selbst gebildet sich
Ohn' mein Zutun, mir zum Schrecken,
Einzig nur – aus Tintenflecken.
Überall, wo's schwarz und Nacht,
Spuket die gespenst'ge Rasse,
Darum auch im Tintenfasse.
Die ihr schreibt, nehmt euch in acht!
Weil ich Klecksograph entdecket,
Daß im Tintenfaß oft stecket
Eines giftigen Dämons Macht.

Das kleine Gedicht von Justinus Kerner (1786–1862) über die von ihm „erfundene" Klecksografie kann eine originelle Einstimmung im Hinblick auf das Ausdeuten der Klecksbilder sein. Still werden die unterschiedlichen Gebilde betrachtet. Anschließend erzählen die Kinder, was sie zu den unterschiedlichen Formen assoziieren oder was sie „heraussehen". Die verschiedenen Bilddeutungen sind sehr facettenreich und vor allem für diejenigen, deren Bilder gerade gedeutet werden, besonders spannend. Hierbei werden die Kinder darauf aufmerksam, daß zum Beispiel durch das Drehen des Blattes eine andere Bildwirkung entstehen kann.

Wie man mit Rohrfeder und Tusche ein Ungeheuer zum Leben erweckt ...

Wenige Linien – große Wirkung

Es gibt verschiedene Möglichkeiten, die entdeckten Phantasiewesen in ihrer jeweils besonderen Erscheinungsform zu betonen. Zum Beispiel: Ausschneiden ausgewählter Strukturbereiche und das Montieren als Collage in einer bestimmten Gestaltungsabsicht oder das grafische Herausarbeiten von Begrenzungslinien und das Betonen von Binnenstrukturen im Sinne der individuellen Bildvorstellung.
Die letzte Variante fand hier Anwendung. Die Rohrfeder eignet sich in diesem Sinne mit ihrer unregelmäßigen Linienführung als Zeichengerät besonders gut. Zunächst betonen die Kinder die Umrißformen ihres „Wesens". Dabei ist es wichtig, daß Zacken, Farbverläufe oder ähnliches der ursprünglichen Klecksografie berücksichtigt werden. Danach können wenn nötig Binnenstrukturen verstärkt oder bestimmte Merkmale eingezeichnet werden.

Rate, rate was ist das? Es ist kein Fuchs und ist kein Has

Die entstandenen Bilder werden zum Schluß auf schwarzes Tonpapier aufgeklebt, um eine bessere Bildwirkung zu erzielen.
Gemeinsam betrachten die Kinder die entstandenen Arbeiten. In einem lustigen Ratespiel können die dargestellten „Wesen" erraten werden. Und wenn diese sogar noch einen Namen haben, ist das um so interessanter.

Zeitrahmen: 2 Stunden
Material: Zeichentusche, glattes Papier, Zahnstocher, Rohrfeder

Was den Briefwechsel des ehrwürdigen Abu Rhizinus betrifft (Kl. 4)

Fächerverbindend: Deutsch

Hilleke Hüttenmeister

Worum geht es?

Kinder kommen in die Schule, um Lesen und Schreiben zu lernen. Das Schreiben dient der Übermittlung und dem Festhalten des gedachten oder gesprochenen Wortes, ist also Mittel zum Zweck. „Schreiben" hat in der Schule aber auch den Aspekt der richtigen Formung der einzelnen Buchstaben. Der in der tradierten Form geschriebene Buchstabe gilt als schön. Sobald Kinder schreiben können und eine bestimmte Schrift erlernt haben, verliert diese Kunst an Reiz, ihre Handschrift wird nachlässig, einzelne Buchstaben lassen sich nicht mehr eindeutig unterscheiden. Auf der Suche nach der persönlichen Handschrift wechseln manche ständig die Ausrichtung, die Schriftgröße oder schreiben mal Druckschrift, mal Schreibschrift. Das Erfinden von Schriftzeichen und Schrift im Kunstunterricht ermöglicht allen Kindern eine neue Auseinandersetzung mit den ästhetischen Qualitäten des Schreibens.

Botschaften aus alter Zeit

Schreibschrift und Druckschrift

Kinder erlernen mit der Druckschrift und der Schreibschrift zwei Schriften, die ganz verschiedene Elemente haben. Druckschriftwörter bestehen aus einzelnen voneinander unabhängigen Zeichen, während die Zeichen von Schreibschriftwörtern miteinander verbunden sind und so optisch eine Einheit bilden. Druckschriftbuchstaben setzen sich aus kleinen Flächen zusammen, Schreibschriftbuchstaben bilden einen Linienrhythmus. Darüber hinaus ist die Ausformung der Schrift noch abhängig vom Schreibgerät. Ein weiteres Merkmal von Schrift ist, daß sich ihre Zeichen in einer bestimmten Anordnung in meist waagerechten Reihen wiederholen.

Der Austausch von Botschaften zwischen zwei Partnern, die sich jeweils ihrer eigenen Schrift bedienen, also das Erfinden von zwei verschiedenen Schriften, vermag eine Auseinandersetzung mit den besonderen ästhetischen Qualitäten von Schrift anzubahnen, um so Wesensmerkmale von Druckschrift und Schreibschrift zu erfassen und nachzuempfinden.

Für Grundschüler haben alte Zeiten noch etwas Geheimnisvolles. Vieles, von dem sie wissen, hat es schon gegeben, aber es war doch anders als sie es heute kennen. Unbekanntes aus alten Zeiten setzt sich in ihrer Phantasie aus Elementen des schon Bekannten zusammen. Es bietet sich deshalb an, den Austausch von Botschaften in die ferne Vergangenheit zu verlegen. Wenn sich Kinder überlegen, wie eine unbekannte alte Schrift ausgesehen haben könnte, denken sie bewußt über die Elemente der Schrift nach, die sie gelernt haben.

Das alte Dokument

Diese oder eine ähnliche frei erfundene Geschichte kann die Gestaltungsaufgabe einleiten:

„Als der ehrwürdige Abu Rhizinus und die Kischuaner beschlossen, von nun an in Frieden zu leben, tauschten sie Botschaften untereinander aus. Zum ewigen Andenken ließ Abu Rhizinus die wichtigsten Botschaften auf einem ganz besonderen Papierbogen zusammenstellen und ausschmücken. Wissenschaftler späterer Zeiten fanden verschiedene Hinweise auf dieses prächtige Dokument, das Dokument selbst ging leider verloren. Man weiß heute nur wenig über die Schriften der

Kischuaner und dem Volk des Abu Rhizinus. Keinem ist es bisher gelungen, die spärlichen Überreste zu entziffern. Während die Buchstaben des Abu Rhizinus kunstvoll miteinander verschlungen waren, bestand die Schrift der Kischuaner aus einzelnen Zeichen. Abu Rhizinus verwendete Tinte oder Tusche zum Schreiben und Gold zur Verzierung seiner Wörter. Die Kischuaner schrieben mit farbigen Kreiden und benutzten für jeden Buchstaben mindestens zwei Farben."

ابو ريحينوس

קישואנר

Eine Druckschrift und eine Schreibschrift erfinden

Schriftproben aus hebräischen und arabischen Texten verdeutlichen den Kindern die Wesensmerkmale der beiden Schriften.

Die Kinder wählen Tonpapierstreifen (etwa 5 cm breit, 25 cm lang) in zwei Farben und benutzen zur Erfindung der verbundenen Schrift Pinsel, Tusche und Goldbronze sowie Ölpastellkreiden (Jaxonkreiden) in mehreren, mit dem Untergrund kontrastierenden Farben für die Buchstaben der Kischuaner.

Schreiben wie Abu Rhizinus und die Kischuaner, das kannst du auch!

Sie fertigen mehrere Botschaften in verschiedenen Schriften und suchen schließlich zwei Botschaften von jeder Schrift aus, die sie besonders gelungen finden. Für diese vier Streifen sucht sich nun jedes Kind einen „kostbaren“ Untergrund, auf dem sie zusammengestellt werden sollen. Für den Untergrund eignen sich farbige Tonpapiere, festes, gemustertes Geschenkpapier und Tapetenstücke aus einem Tapetenbuch. Die Blätter müssen so groß sein, daß sie noch ein Ausschmücken des Randes und der Zwischenräume gestatten. Die Botschaften werden im Wechsel aufgeklebt und Zwischenräume und Rand mit Tusche, Goldbronze und Jaxonkreiden ausgeschmückt (Farbtafel I,1).

Sprache erfinden

Lies doch mal vor, was du geschrieben hast!

Beim gegenseitigen Vorlesen der geheimnisvollen Botschaften kann man sogar versuchen, nicht zu „übersetzen“, sondern in der Sprache des Abu Rhizinus und der Kischuaner, die natürlich anders gesprochen haben, zu reden.

Was gibt es sonst noch?

Schriftkunst betrachten

An die Gestaltung des Dokuments kann sich die Betrachtung von Kunstwerken anschließen. In Frage kommen Kunstwerke, die Elemente und Charakteristika von Schriften zu enthalten scheinen, die wie mit geheimnisvollen Schriftzeichen gestaltet wirken und als Schriftimitation gedeutet werden könnten. Geeignet sind zum Beispiel „Zeichenreihen“ von Wassily Kandinsky und das Bild „Werbeplakat der Komiker“ von Paul Klee.

In Frage kommen aber auch Reproduktionen echter Schriftzeugnisse wie Ägyptische Bilderschrift, kostbar ausgeschmückte islamische, chinesische, persische, indische, hebräische und mittelalterliche Handschriften.

Neue Buchstaben für meinen Namen

Eine Möglichkeit, sich noch weiter mit der Erfindung von Schrift zu beschäftigen (auch als Aufgabe für die freie Arbeit geeignet), ist die Erfindung von persönlichen Schriftzeichen für den eigenen Namen. Daraus kann sich die Erfindung eines ganzen ABCs (auch in Partnerarbeit) entwickeln, mit dem sich geheimnisvolle Texte zusammenstellen lassen.

Zeitrahmen: Eine Doppelstunde
Material: Tonpapier in verschiedenen Farben, in verschieden großen Formaten und Streifen, Tapeten, Geschenkpapier, Tusche oder Tinte, Goldbronze, Pinsel, Ölpastellkreiden, Klebstoff

Die Haut des Dinosauriers (Kl. 4)

Sibylle Hirth-Schaudt

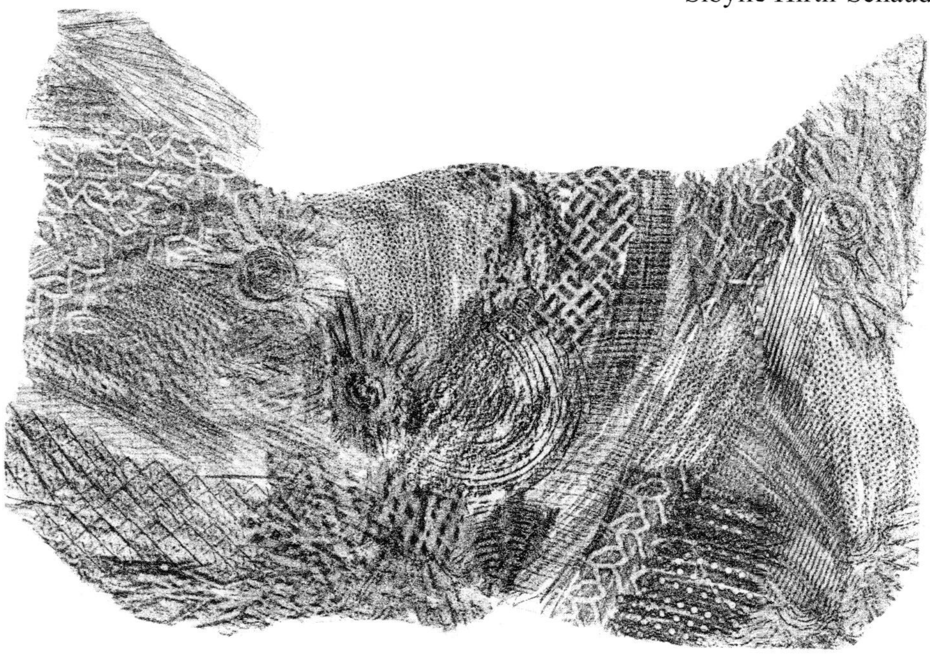

Vielfältige grafische Strukturen finden, herstellen und als Bildteile verwenden

Worum geht es?
Die bei den Kindern so beliebten Riesen aus der Urzeit sind zunächst in ihrer Größe und Form beeindruckend. Viertkläßler unterscheiden das äußere Erscheinungsbild, merken sich die Namen und wissen viel über deren Lebensgewohnheiten und die erdgeschichtlichen Hintergründe. Ein faszinierendes Motiv, das in unzähligen, nicht immer qualitativ wertvollen Bilder- und Sachbüchern vermarktet wird und manchmal zum Comicspielzeug verkommt.
Das Thema greift bewußt das Motiv Dinosaurier auf, reduziert es aber auf ein ungewöhnliches Detail, nämlich die Oberfläche seiner Haut. Unser Interesse hat etwas mit wissenschaftlicher Genauigkeit zu tun, es fokussiert die Beschaffenheit des Panzers und führt zur Sensibilisierung der Wahrnehmung.
Welches bildnerische Mittel kann das leisten? Über die grafische Technik der Frottage werden taktile und visuelle Erfahrungen zusammengeführt, indem das Abfühlen, Abdrücken und Abreiben von Oberflächen mit einem Zeichengerät konkrete Spuren hinterläßt. Wir beziehen dabei auch Bildbeispiele von Max Ernst ein, die auf die Vielfalt grafischer Strukturen hinweisen und aufzeigen und wie diese als Bildteile Verwendung finden.

Haut einmal unter der Lupe
„So also könnte sie ausgesehen haben, aber genau weiß das keiner, denn niemand hat je eine Dinosaurierhaut gefunden ..."
Am Overhead betrachten wir den vergrößerten Ausschnitt der Unter- und Oberseite eines Wirsingblattes, was die Kinder nicht sofort erkennen. Wir kommen ins Gespräch über die Besonderheiten der Hautoberflächen, wobei Haut geschuppt, genarbt, weich, runzelig, warzenhaft, gemustert, grobgekörnt, feinporig, aalglatt oder „hubbelig" sein kann.
Die Abbildung wird jetzt vollständig gezeigt. Die verblüffende Wirkung, daß es sich hier um ein Wirsingblatt handelt, überrascht.
Im folgenden wird von Bedeutung sein, die Beschaffenheit von alltäglichen Dingen auf ihre Oberflächenwirkung hin zu testen.

Wir gehen bei Max Ernst in die Lehre

Max Ernst erfindet die Frottage

Bei der kurzen Bildbetrachtung mehrerer Beispiele von Max Ernst richtet sich unser Augenmerk auf die Entlarvung der Technik, auf die Art, wie der Künstler zu diesen grafischen Ergebnissen kommen konnte.
Es ist davon auszugehen, daß die Kinder bereits eigene Erfahrungen mit dem Abreiben und Abbilden von Oberflächen (Münzen u. ä.) gemacht haben, so daß es ihnen nicht schwerfällt, die grafischen Spuren zu deuten. Auch erkennen sie, wie Max Ernst sich mit Hilfe der Frottage einzelne Bildteile präpariert und zusammenfügt.

Gesucht: Gegenstände und Flächen, die „Hautstrukturen" besitzen

Eine Woche sollen sich die Kinder Zeit nehmen, sensibilisiert auf Oberflächen, Alltagsdinge daraufhin zu untersuchen, ob sie geeignet sind, um hautähnliche Strukturen wiederzugeben. Die Sammlung sollte von der Lehrerin oder dem Lehrer durch mitgebrachte Objekte wie Lederteile, Taschen, Mappen, Schuhsohlen, Siebe, Tapetenreste ... ergänzt werden.

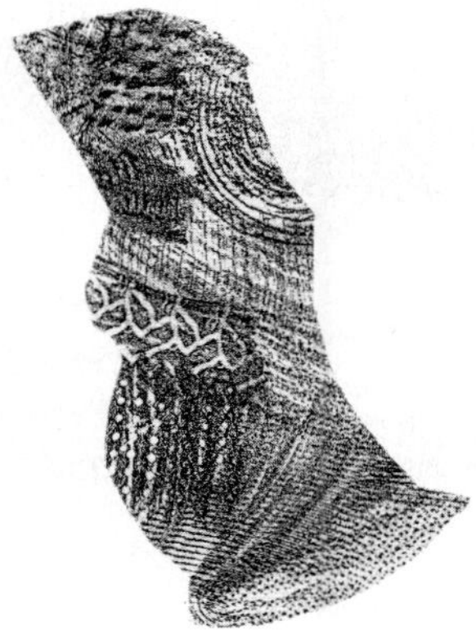

Experimentieren – Frottieren

Auf dünnen gerissenen Papierfetzen werden in der folgenden Stunde Abreibeproben hergestellt und der technische Umgang mit schwarzen Wachsstiften experimentell erprobt. Die Stifte müssen locker und gleichmäßig über die Flächen gerieben werden, dabei kommt es auf regelmäßige Dichte und flächiges Auftragen an. Bei starkem Druck wird die Frottage dunkel und konturenreich, bei zartem Druck entstehen hellere, weiche Strukturen.
Die Kinder entdecken dabei auch Möglichkeiten zur Binnendifferenzierung durch Richtungswechsel. Manche versuchen, in mehreren Schichten übereinandergelagert Mischstrukturen zu erzeugen. Die mitgebrachten Teile werden natürlich ausgetauscht, um so eine größere Vielfalt zu erreichen.

Ein Stück vom Bauch, ein Teil vom Schwanz, ein bißchen Rücken

Die Haut des Dinosaurier

Jeder kann seinen Hautfetzen (ca. 30 × 40 cm) aus großem dünnem Packpapier oder DIN-A3 Papieren schneiden oder reißen und erhält eine unregelmäßige Grundform (Lederstück). Darauf wird nun in sorgfältiger Einzelarbeit mit wechselnden Untergründen eine gegliederte Fläche gefüllt, deren Strukturen „Hautcharakter" haben. Die entstandenen Bilder unterscheiden sich durch unterschiedliche Hell-Dunkel-Modulation und die Mischung verschiedener Texturen.

So könnte der Riese ausgesehen haben ...

Aus vielen Fundstücken ein Dino

Zur Differenzierung bei unterschiedlichem Arbeitstempo legen einige Kinder auf dem Schulflur die Konturen eines Riesensauriers mit Seilen aus. Nach und nach füllen wir diese Figur mit unseren Hautstücken. Dabei ergeben sich interessante Gesprächsanlässe, insbesondere bei der Entscheidung, an welcher Stelle welche Haut plaziert werden könnte.

Zeitrahmen: ca. 4–5 Stunden
Material: dünnes Packpapier oder weißes Papier DIN-A2/3, schwarze Wachskreiden, diverse Materialien zum Abreiben
Medien: Max Ernst aus der Serie „Histoire Naturelle", Frottage:
„Hören und Sehen Vergessen", 1925, Blatt 32, 28 × 44,5 cm
„Vertrauliche Mitteilungen", 1925, Blatt 17, 42 × 25 cm
„Der Lebenswandel der Blätter", 1925, Blatt 18, 42,7 × 26 cm

Katze mit Glatze (Kl. 4)

Hilleke Hüttenmeister

Fächerverbindend: Deutsch

Beziehungen zwischen Menschen, Tieren, Gegenständen, Formen darstellen

Worum geht es?

Der Linolschnitt ist wohl das bekannteste Hochdruckverfahren im Schulgebrauch. Es gibt zahlreiche Publikationen, die die Technik ausführlich beschreiben. Kinder in der Grundschule fasziniert am Linolschnitt ganz besonders die Vervielfältigungsmöglichkeit des Motivs. Es macht ihnen Spaß, etwas zu gestalten, was sich beliebig oft reproduzieren läßt. Die Reproduzierbarkeit und die vielfältigen Verwendungsmöglichkeiten der Drucke sollten deshalb der Anlaß für einen Linolschnitt in der Grundschule sein. Dazu kommt im ausgehenden Grundschulalter bei vielen Kindern die Freude an ihrer zunehmenden handwerklichen Geschicklichkeit im Umgang mit Werkzeug und die Befriedigung am Einsatz ihrer Körperkräfte. Auch das Denken in Arbeitsschritten, eine wichtige Voraussetzung bei der Planung eines Linolschnitts, gelingt ihnen immer besser.

Die Wirkung des Linolschnitts beruht auf der spannungsreichen Verteilung von schwarzen und weißen Linien und Flächen. Erste Auseinandersetzungen mit dem bildnerischen Problem der Schwarzweißwirkung fanden schon bei grafischen Aufgaben im Anfangsunterricht statt. Besonders Schattenspielfiguren lassen im Zusammenspiel vor der hellen Spielfläche immer neue Schwarz-Weiß-Kontrastbilder beobachten („Kugler und Kästler", S. 68–69, Anfangsunterricht Kunst, 1./2. Schuljahr). Das Material „Linoleum" und der Schneidevorgang zwingen den noch Ungeübten zu einfachen klaren Formen. Wenn er nicht als Stempel geplant ist, sollte deshalb der erste Linolschnitt eines Grundschulkindes, wenigstens das Format DIN-A4 haben. Ein großformatiger Linolschnitt mit klaren Formen ist für das Kind viel leichter zu bewältigen und zudem aussagekräftiger als kleine, in sich differenzierte Schnitte, die schon einige Übung und Erfahrung im Schneiden verlangen.

Alte Holzschnitte zeigen manchmal eine Verbindung von Text und figürlicher Darstellung in einem Druck. Solche Drucke waren Bestandteile von Büchern oder fanden als volkstümliche Bilderbögen („Die Katze von Kasan") und als Flugblätter

Verbreitung. Die Verbindung von Bild und kommentierendem Text ist auch eine reizvolle Möglichkeit für einen Linolschnitt in der Grundschule. Für Kinder ist das allerdings keine einfache Aufgabe. Sie verlangt schon gewisse Erfahrungen im Umgang mit der Fläche. Text und Motiv müssen nämlich eine Einheit bilden, das heißt, der Text sollte das Motiv nicht nur inhaltlich kommentieren, sondern auch in Form, Größe und Anordnung der Buchstaben zur Komposition passen und in die Gesamtwirkung einbezogen sein. In Frage kommen nur ganz kurze Texte, deren Buchstaben groß genug sind, um lesbar geschnitten zu werden. Kleine Nonsensverse, die sich von ihrem Inhalt her ins Bild setzen lassen, bieten sich an. Die Kinder müssen für die Figuren und Gegenstände, um die sich ihre Reime ranken, einfache Bildzeichen finden. Gestaltet jedes Kind der Klasse einen Linolschnitt mit einem anderen Reim, ergeben die Drucke zusammen ein Buch, das in Klassenstärke aufgelegt, eine schöne Erinnerung an die Grundschulzeit bedeuten kann.

Ein Bilderbuch mit lustigen Reimen

(Dieser Teil kann auch im Deutschunterricht erarbeitet werden)
Nachdem die Kinder mit der Absicht bekannt gemacht wurden, Linolschnitte mit selbstgemachten Reimen zu gestalten, werden in der Klassenrunde zunächst Wortlisten von Substantiven, die etwas Gegenständliches bezeichnen und sich reimen, gesammelt wie zum Beispiel:

„Mamagei legt ein Ei“
„Schuh mit Kuh“

Vase	*Rose*	*Maus*	*Ecke*	*Turm*	*Katze*	*Igel*
Hase	*Hose*	*Haus*	*Schnecke*	*Wurm*	*Tatze*	*Tiegel*
Nase	*Dose*	*Laus*	*Zecke*	*Sturm*	*Glatze*	*Spiegel*

Danach versuchen die Kinder kurze Reime zu bilden, indem sie Reimwörter durch Präpositionen oder Verben verbinden. Zum Beispiel „Haus mit Maus“, wobei die Vorstellung von einem Haus mit Maus etwas Gewöhnliches an sich hat, aber eine Maus, die wie eine Schnecke ihr Haus auf dem Rücken trägt, ins Bild gesetzt, bestimmt lustig aussieht. Die gefundenen Reime werden auf ihre Illustrationsmöglichkeit untersucht, verändert und untereinander ausgetauscht bis jedes Kind der Klasse sein Motiv gefunden hat.

Buchstabe und Text

Mit Hilfe von großen Holzbuchstaben oder noch besser Buchstabenstempeln aus dem Anfangsunterricht werden die Texte zunächst auf Zeichenpapier übertragen. Anschließend werden die Buchstaben mit Wachsmalkreide, Holzbuntstift oder Tusche schwarz ausgemalt, ausgeschnitten und auf einem Blatt Transparentpapier (Architektenpapier) im Format DIN-A3 abgelegt. Das Transparentpapier hat die Größe des geplanten Linolschnitts und bekommt deshalb einen etwa 5 Millimeter breiten schwarzen Rand, der Text und Bild zusammenhält. Stehen keine Buchstabenstempel oder Holzbuchstaben als Schablonen zur Verfügung, können große Druckbuchstaben auch von den Kindern auf kariertem Papier selbst entworfen werden.

Ein Scherenschnitt ergibt das Bild dazu

Eine einfache Möglichkeit zu den Formen und Figuren zu kommen, die den Blockbuchstabentext illustrieren, ist ihr Entwurf als Scherenschnitt. Als Scherenschnittfiguren bieten sie die nötige zusammenhängende schwarze Flächigkeit, die zu den kompakten Buchstaben paßt und eine spannende Verteilung von schwarzen und weißen Flächen garantiert. Die Kinder entwerfen deshalb ihr Motiv auf ungummiertem Scherenschnittpapier im Format DIN-A3. Das Motiv, zum Beispiel die „Katze mit Glatze“, wird zunächst mit Tafelkreide skizzenhaft angelegt. Dabei müssen die Kinder berücksichtigen, daß ein gewisser Anteil des DIN-A3-Formats von den Buchstaben ihres Reims eingenommen wird. Befriedigt die Skizze, wird der Umriß der Figur mit kräftigen Strichen festgelegt und anschließend ausgeschnitten. Danach wird die Figur mit der noch unbezeichneten Seite nach oben auf das Transparentpapier gelegt und eine möglichst sparsame, nur auf wenige klärende Linien und Formen beschränkte Binnengliederung vorgenommen. Bei der „Katze mit Glatze" zum Beispiel Auge und Glatze. Zuviel Binnengliederung zerstört die Form des Motivs und das Gleichgewicht der weißen und schwarzen Flächen. Nach dem Ausschneiden der Binnenformen werden Buchstaben und Motiv solange auf dem Transparentpapier hin- und hergerückt bis die Anordnung auf der Fläche befriedigt und schließlich aufgeklebt. Damit ist der Entwurf, der schon eine Vorstellung vom zukünftigen Linolschnitt vermittelt, fertiggestellt.

Spieglein, Spieglein
an der Wand,
zeig mir das Bild
in meiner Hand

So kommt der Entwurf auf die Linolplatte

Das Motiv eines Linolschnitts erscheint im Abdruck seitenverkehrt. Dies muß besonders bei einem Entwurf mit Text berücksichtigt werden, weil sonst die Schrift spiegelverkehrt auf dem Druck erscheint. Ein Blick in den Spiegel mit dem Entwurf in der Hand vermittelt eine Vorstellung von „spiegelverkehrt". Wird nun der Entwurf auf dem Transparentpapier umgedreht, so zeigt die Rückseite das seitenverkehrte Motiv mit der spiegelverkehrten Schrift. Diese Version wird nun mit Hilfe von Blaupapier (zwei aneinandergeklebten Bögen) und Kugelschreiber auf die Linolplatte übertragen und danach die Blaupapierlinien auf der Linolplatte mit einem dicken schwarzen Filzschreiber nachgefahren.

In Linoleum schneiden will erprobt sein!

Wenn diese Arbeit der erste Linolschnitt der Kinder ist, müssen sie erst noch praktische Erfahrungen im Umgang mit dem Linolschnittwerkzeug sammeln, bevor sie ihren Entwurf schneiden können. Dazu dienen ein paar Linolplatten, an denen immer mehrere Kinder nacheinander die Schnittspur der einzelnen Werkzeuge ausprobieren können und dabei auf die richtige Handhaltung hingewiesen werden. Werden solche Probeplatten anschließend auch abgedruckt, gewinnen die Kinder einen Eindruck davon, wie der Abdruck der verschiedenen Schnittspurenlinien aussieht und daß ausgeschnittene Flächen nicht mitdrucken, sondern weiß erscheinen.

Mein REIMDICHODERICHFRESSDICH-Bild entsteht!

Während die Kinder ihr Bild in die Linolplatte schneiden, schauen sie immer wieder auf den Entwurf, der ihnen zeigt, welche Flächen weggeschnitten werden. Da die Hinweise zur Handhaltung und Handhabung des Werkzeugs im Arbeitseifer oft wieder vergessen, müssen sie öfter wiederholt werden.

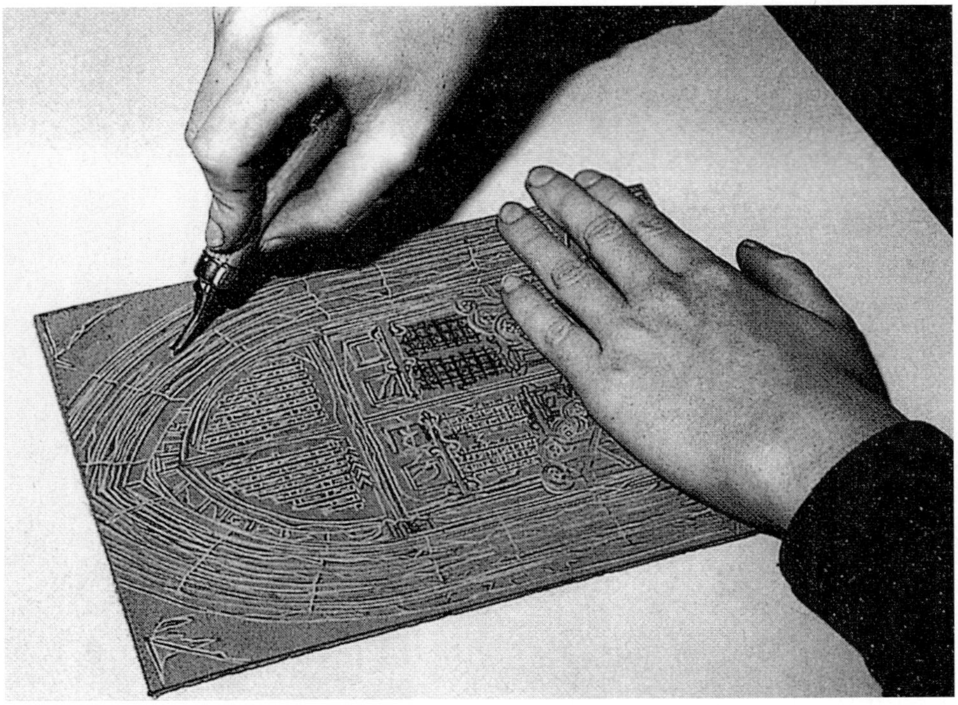

Der erste Druck

Der erste Abzug von der Platte kann je nach Einrichtung der Schule ein Handabzug sein oder mit einer Presse gedruckt werden. Die Kinder müssen zuvor mit dem Einwalzen der Platte mit Linoldruckfarbe und dem Druckvorgang vertraut gemacht werden. Der erste Druck zeigt, ob die Schwarzweißwirkung perfekt ist, ob Linien oder Flächen beim Schneiden vergessen wurden oder ob eine schwarze Fläche durch eine Struktur noch aufgelockert werden kann. So hat zum Beispiel die „Katze mit Glatze" nach dem ersten Abdruck noch weiße Fellstriche bekommen.

Mein REIMDICH-ODERICHFRESSDICH-Buch

Viele Drucke ergeben ein Buch

Das Buch kann mit Originalabzügen für jedes Kind der Klasse aufgelegt werden. Ist das zu zeitaufwendig, so bietet es sich auch an, die Bücher mit verkleinerten Kopien, die von ihrer Wirkung sehr reizvoll sein können, zusammenzustellen.

Es geht auch ein bißchen einfacher

Gibt es in der Schule eine Schuldruckerei, mit der die Kinder vielleicht schon vertraut sind, so bietet sich auch die Möglichkeit, die Texte nicht in die Gestaltung des Linolschnitts einzubeziehen, sondern extra zu drucken und dem Motiv gegenüberzustellen. Damit entfällt das Problem der Anordnung von Schrift und Bild auf einer Fläche.

Zeitrahmen: ca. 8 bis 10 Stunden für das gesamte Vorhaben: Textfindung und Entwurf, Linolschnitt und Druck
Material: Transparentpapier und Scherenschnittpapier für den Entwurf, eine Linolplatte im Format DIN-A3, Linolschnittwerkzeug, Druckutensilien, Druckpapier
Literatur: Druckgrafik: Materialien zur musisch-kulturellen Erziehung, LEU
Burkhardt/Wolfsturm: Hochdruck, Ravensburg 1994

„6 Tänzchen in Holz" (Kl. 4)

Sibylle Hirth-Schaudt

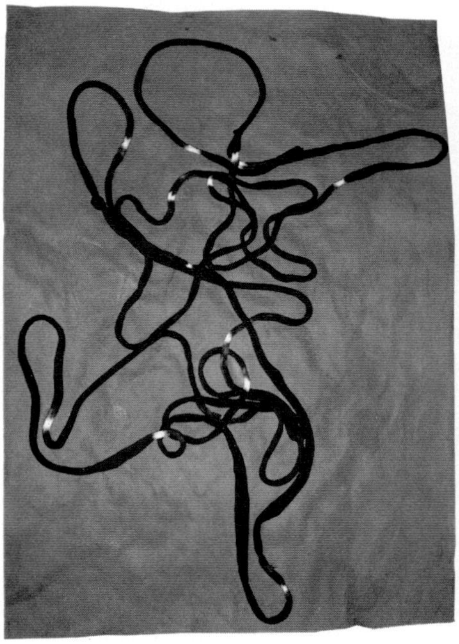

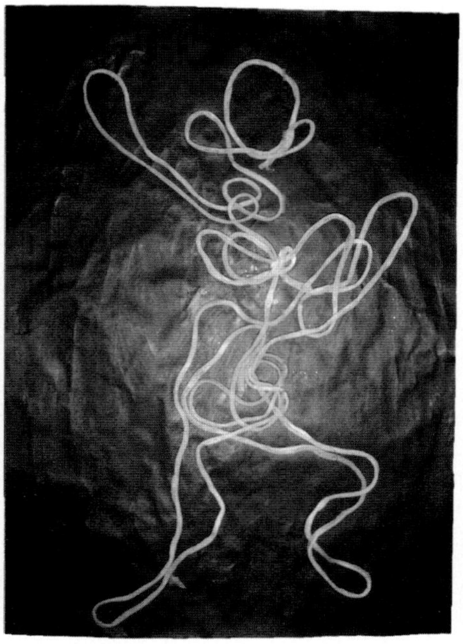

Beziehungsgefüge zwischen Figuren wahrnehmen. Haltung/Position und Bewegung von menschlichen Figuren beim Tanzen verdeutlichen

Worum geht es?
Auf die statische, frontal gesehene menschliche Figur folgt als nächster Entwicklungsschritt die Profildarstellung, mit der in der Regel auch eine nach vorwärts gerichtete Schrittstellung einhergeht. Turner, Rollschuhläufer, Fußballer, Akrobaten oder gar Tänzer darzustellen, fällt den Schülerinnen und Schülern insbesondere deshalb schwer, weil sich das „Bewegtsein" auf den gesamten Körper bezieht. Dieser verliert quasi seine vertikale Grundstellung.
Wenn auch noch das bildnerische Problem hinzukommt, in Bewegung befindliche Figuren aufeinander zu beziehen, verlangt das schon eine fortgeschrittene Bildsprache. Viele Kinder brauchen dazu Anregungen und Anleitung, um bei solch schwieriger Aufgabenstellung nicht überfordert zu sein. Wir versuchen bei dieser Unterrichtssequenz einen eher unkonventionellen Weg zu gehen:
Zunächst wird über die Bildbetrachtung eine Sensibilisierung der Wahrnehmung angestrebt, bei der der Blick geschult wird für das Phänomen der Bewegungsdarstellung. Dabei erfahren die Kinder, auf welche Art und Weise der Künstler dieses bildnerische Problem löst.
Sodann sind konkrete Eigenerfahrungen geplant, bei denen Musik in Bewegung umgesetzt wird. Dieser Prozeß kann sowohl selbst erlebt als auch bei andern beobachtet werden. Schließlich wird die Umsetzung mit einem grafischen Mittel erprobt, das anders als der übliche Zeichenstift flexibel, ständig korrigierbar und spielerisch manipulierbar bleibt.
Die tanzenden Figuren entstehen mit Schnüren/Seilen/textilen Bändern auf dem Fußboden. Diese, zunächst über experimentellen Zugang gewonnenen Ergebnisse, sind prozeßorientiert, lassen sich aber nach Wunsch auch in einem Bild „festhalten".

Von Kopf bis Fuß in Bewegung

„6 Tänzchen in Holz“, Holzschnitte aus dem Jahr 1987

Das Werk von Detlef Willand besteht aus 6 gleichformatigen Holzschnitten, auf denen jeweils 1 Tanzpaar (Tänzer und Tänzerin), in Momentaufnahme festgehalten, schwungvolle Tanzfigurationen vollführt. Zu jedem Bild gehört ein englischer Titel (meist ein bekanntes Musikstück), was auf die musikalisch-rhythmische Charakteristik des dargestellten Tanzes rückschließen läßt.
Obwohl in hartes Holz geschnitten, vermitteln die Figuren augenfällig etwas vom Sound, Tempo und der Dynamik der Tänze.

Es gibt verschiedene Zugangsmöglichkeiten

Da das Werk als Serie geschaffen wurde, ist es naheliegend, alle 6 Beispiele auf einmal (auf Folie kopiert) zu betrachten.
Es ist aber ebenso denkbar, sich zunächst auf eines der Beispiele zu konzentrieren, oder zwei sehr unterschiedliche Paare einander gegenüberzustellen. Eine weitere Entscheidung betrifft die Titel, die man von Anfang an oder später hinzuziehen kann. Sicher wird sich das Unterrichtsgespräch in jedem Fall anders entwickeln. So entdecken manche Kinder, ohne den Titel zu kennen, daß es sich gleichwohl um dargestellte Tänze handelt, deren Charakteristikum in den dargestellten Personen und ihrer Bewegung zum Audruck kommt.

O Serafino

Chiquita Linda

Mathilda

Sweet Caroline

Speedy Gonzales

Hello Mary Lou

Was sehe ich?

Wir sammeln visuelle Eindrücke

Zunächst geht es darum, die Bilder einzeln und mit Detailgenauigkeit zu beschreiben. In einem zweiten Schritt lassen sich Bilder untereinander vergleichen. Es gibt dabei Ähnliches bzw. Unterschiedliches. Das Nonverbal-Bildhafte mit sprachlichen Mitteln auszudrücken ist ein fruchtbarer Sprechanlaß. Im Sitzkreis vor der Projektionsfläche besteht auch die Möglichkeit, das Beschriebene zu zeigen oder mimisch-gestisch darzustellen...

„... die Figuren tanzen wirklich – alles ist in Schwung – die weißen Linien zeigen den Wind, der entsteht, wenn sie sich drehen – die zwei sind ganz toll aufeinander eingespielt – meist stehen sie nur auf einem Bein – er und sie machen dieselben Bewegungen oder jeder macht seine eigenen ‚Figuren' – zwei tanzen ganz besonders schnell ... "

Bewegte Figuren – das Phänomen auf den Punkt gebracht

An dieser Stelle begnügen wir uns nicht mit oberflächlichen Beschreibungen, sondern gehen in die Tiefe. Was alles ist denn „bewegt"?
Mit diesem Impuls lassen sich typische Merkmale sammeln, die sich auf Haltung und Körperbewegung beziehen:

Wie ein S gebogen

- die Füße eingedreht,
- Beine und Knie abgeknickt oder gekrätscht,
- die Taille schraubenartig verbogen,
- der Rücken rund oder hohl,
- besonders auffällige Gestik der Arme und Hände,
- Finger gespreizt,
- Drehung und Wendung des Kopfes,
- fliegende Haare.

Jetzt erst begreift man die Unterscheidungsmerkmale zum unbewegt stehenden Menschen.

Wie im Spiegelbild

Partnerspiel – Bilder nachstellen

Zwei Schüler oder Schülerinnen wählen sich ein Bild aus dem Werk von Detlef Willand und versuchen die Körperhaltung der Personen genau nachzuahmen (zunächst verdeckt hinter der Projektionsfläche). Die andern sollen das Bild erraten. Dieses Spiel ist eine handlungsorientierte Form der Wahrnehmungsübung, die die Bildbetrachtung abschließt. Das Ganze läßt sich auch vor einem Standspiegel ausprobieren.

Sollen wir ein Tänzchen wagen?

Man meint, man hört Musik

Musik löst Bewegung aus – Bewegung löst Musik aus. Diesen Eindruck gewinnt man bei der Bildbetrachtung deutlich. So kam es auch zu dem vorgeschlagenen Unterrichtsschritt, bei welchem sich die Kinder mit einem Hörbeispiel rhythmisch prägnanter, tänzerischer Musik befassen sollen.
Schülerinnen und Schüler, die im Musikunterricht häufig zum Mittel der Bewegung angeregt werden, zeigen wenig Hemmungen. Dennoch sollte dieser Versuch auf Freiwilligkeit beruhen – das Zuschauen ist nämlich auch ein legitimer Lernweg.
Das ausgewählte Musikstück (z. B.: Ragtime, Dixie, südamerikanische Tanzmusik) wird in Abschnitten, jeweils von einer Pause unterbrochen, dargeboten. So kann man einige Sekunden in der gerade ausgeführten Bewegung verharren. Dies macht großen Spaß, und es läßt sich noch einmal die Brücke schlagen zu den Holzschnitten und ihrer prägnanten Momentaufnahme.

Tänzer und Tänzerinnen mit viel Schwung

Das klappt ja wie am Schnürchen

Die 3. Stunde dieser Unterrichtseinheit gilt einer experimentellen Vorgehensweise, bei der ganz bewußt dem Zufall eine wichtige Rolle zukommt. Wir spielen mit Linien. Konkret heißt das: man wirft die Schnüre von ca. 2–3 m Länge in die Luft und läßt sie auf den Boden fallen. Die einzelnen Versuche werden entweder verworfen oder weiterverwertet, das heißt man zupft, zieht, schiebt das Liniengebilde zu einer Figur, die Kopf, Rumpf, Arme und Beine hat und tänzerischen Schwung verrät. Zunächst ist diese Übung prozeßorientiert, es muß genügend Spielraum gegeben sein, um auszuprobieren. Wir arbeiten auf dem Schulflur und im Klassenzimmer. Am Ende können alle Ergebnisse in einem Rundgang begutachtet werden.

Zuerst probieren, dann fixieren

Wenn man das bloß aufbewahren könnte!

In der Folgestunde verwenden wir große Bogen farbigen Tonpapiers. Diese bestimmen auch die Ausmaße für die aus Textilband nochmals gelegte Figur. Wenn der Solotänzer zurechtgezupft und richtig proportioniert ist (die Kinder haben jetzt bereits Routine), wird ein farblich abgestimmtes Papier mit Tapetenkleister eingestrichen und vorsichtig auf die am Boden liegende Figur gedrückt. Zwei Kinder helfen sich gegenseitig. Man kann das Blatt sogleich vom Boden aufnehmen und trocknen lassen.

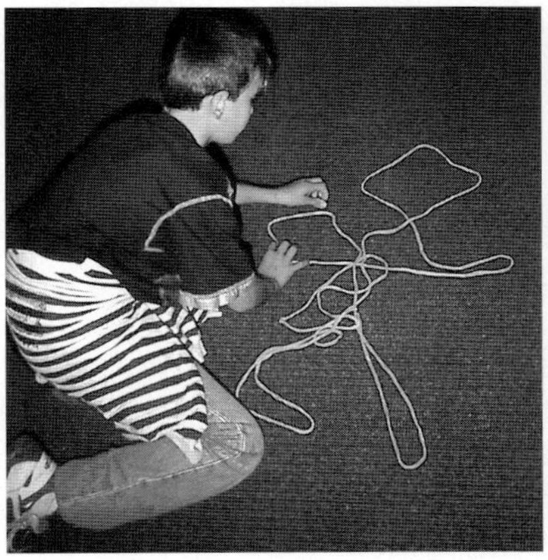

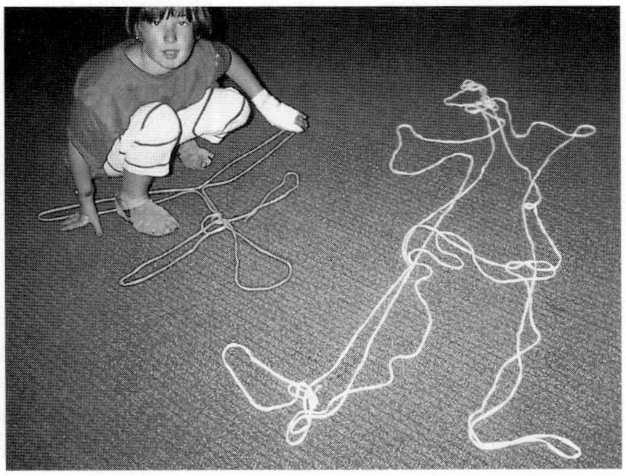

Was gibt es sonst noch?

Mit Schnur gedruckt und vervielfältigt

Die hier dargestellte Möglichkeit überzeugt durch ein Medium, das den Zeichenstift ersetzt und die schwierige Aufgabe der grafischen Bewegungsdarstellung abwandelt. Mit demselben Prinzip ließe sich in Fortsetzung eine Vorlage für Schnurdruck herstellen, dann allerdings auf kleinerem Format mit stärker betonter Binnendifferenzierung (Kleidung u. ä.). Wir verzichten auch hier auf die Paardarstellung, um die Aufgabe nicht zusätzlich zu erschweren. Beim Drucken können aber durch Mehrfachabdrucke oder Kombinationen aus mehreren Druckstöcken solche Tanzpaare entstehen.
Ganz anders sieht die Aufgabe aus, wenn man im Anschluß an die spielerischen Prozesse z. B. im Arbeitsbereich Körper/Raum tanzende Figuren als Drahtplastiken herstellt.

Zeitrahmen: ca. 2 Doppelstunden, bei Schnurdruck weitere 2 Stunden
Material: am günstigsten beschafft man sich von Textil-Ausrüstereien bunte Stoffbänder (billiges Abfallprodukt), ersatzweise dünne Seile, Schnüre, Kordel oder dicke Wollfäden
Medien: neben der hier verwendeten Holzschnittserie zum Thema Tanz sind auch Werke von Henri Matisse oder von Keith Haring geeignet

Natur erleben – Natur malen (Kl. 4)

Damaris Scholler

Differenzierte Farbwahrnehmung führt zu überlegtem Umgehen mit Farbe.
Die Kinder können ein differenziertes Farbspektrum erstellen.
Durch großflächiges Malen mit dicken Pinseln drücken sie Bewegung aus

Worum geht es?

Spielerisch machen die Kinder Erfahrungen, die ihnen „Natur" näherbringen. Natur beginnt eigentlich vor der Haustür und ist trotzdem für viele Kinder inzwischen unbedeutend und nebensächlich geworden. Das bewußte Wahrnehmen von Natur und der sensible Umgang mit ihr kann auch im Kunstunterricht thematisiert und angebahnt werden, im Sinne einer fächerverbindenden Umwelterziehung.
Natur betrachten, sie ganzheitlich aufnehmen und ihre Farben und Formen zur Inspiration für schöpferisches Schaffen werden zu lassen, ist die Grundidee der vorliegenden Gestaltungsidee: „Rasenstücke".
Dabei geht es nicht um das Arbeiten „vor der Natur" im Sinne von fotografischem Abzeichnen, sondern darum, wahrzunehmen und anschließend sinnliche Erfahrungen zum Bildanlaß für eigenes Gestalten werden zu lassen. Mit flüssiger Farbe und dicken Pinseln werden zwei unterschiedliche Naturerscheinungen „überdimensional", malerisch umgesetzt.

Weißt du wie Gras riecht?

Lustige Spiele auf der Wiese

Wahrnehmungsübungen in der Natur beginnen mit allen Sinnen. Rasen oder Wiese gibt es auf fast jedem Schulgelände, Sportplatz oder im Stadtpark. Die Farbe und das Aussehen von Gras sind jedem bekannt. Es ist grün und besteht aus einer Ansammlung von dickeren und dünneren Grashalmen. Fragt man genauer bei den Kindern nach, haben die wenigsten Gras schon genauer betrachtet. Auch auf sinnliche Vorerfahrungen mit Gras kann man nicht bei allen Kindern zurückgreifen.
Die Wahrnehmungsübungen mit Kindern auf dem Rasen sind spielerisch und sehr unterschiedlich. Zum Beispiel: bewußt auf dem Gras laufen, möglichst barfuß. Liegen, rollen und kugeln auf dem Rasen, mit den Händen das Gras erfühlen, mit der Nase den Geruch von Gras aufnehmen, genaues Betrachten einmal ganz nah und einmal weiter weg.

Wir betrachten einen Rasenausschnitt

„Was siehst du durch dein Fernrohr?“

Die Kinder liegen bäuchlings auf dem Rasen und betrachten einen kleinen selbst ausgewählten Teil des Rasens anstatt durch ein Fernrohr durch eine leere Klopapierrolle. Diese kuriose Art der Betrachtung eines „Bildauschnittes“ unterstützt die Kinder dabei, ihr Auge auf ein Detail zu konzentrieren und ermöglicht genaues Beobachten durch „ausblenden“ ablenkender Nebensächlichkeiten. Diese Technik ist auch auf andere Bereiche der Bildbetrachtung übertragbar.

Riesengroße Rasenstücke

Die Kinder gestalten selbst einen stark vergrößerten Rasenausschnitt, dessen Gestaltungsweise durch das zur Verfügung gestellte Material eine formale Festlegung erfährt. Beabsichtigt ist, daß bei den Kindern Malmaterial, Beobachtetes und „Erlebtes“ zu einem Bild verschmelzen. Dies geschieht in Form von Flächengliederungen, Grünabstufungen und bewegten Pinselspuren. Die Kinder sollen schnell und spontan arbeiten mit weit ausholenden, gestischen Pinselspuren.
Die Kinder erhalten Packpapierbögen in Plakatgröße, unterschiedlich dicke Malerpinsel, grüne Farbe und um Mischtöne zu erzeugen noch gelb, blau, schwarz und weiß. Gemalt wird mit angerührter Farbe aus Pigmentpulver, Flüssigfarbe aus der Flasche und großen Deckfarben „Pucks“. Zum Mischen und Abfüllen der Farbe dienen ausrangierte Porzellanteller, Eierkartons und Einmachgläser.

20 m Rasen … und was hätte Dürer dazu gesagt?

Die Kinder betrachten ihre eigenen Arbeiten, die in ihren individuellen Gestaltungsweisen sehr variieren und so auch die unterschiedlichen Wahrnehmungsweisen der Kinder widerspiegeln.
Die unterschiedlichen Darstellungen werden betrachtet und ihre jeweiligen Besonderheiten im gemeinsamen Gespräch herausgearbeitet. Unter dem Motto. „Unterschiede oder auch Gemeinsamkeiten?“ betrachten die Kinder das „Rasenstück“ von Albrecht Dürer. Dabei werden vor allem Unterschiede in Technik, Stil, Malweise, Raumwirkung und Intention besprochen. Fragen des Geschmacks oder Wertungen sollten in diesem Zusammenhang nicht erörtert werden, sondern vielmehr die berechtigte Existenz beider Bildergebnisse, das von Dürer und das der Kinder (Farbtafel I, 2), betont werden.

Was gibt es sonst noch?

Ein Schneckenhaus sieht irre aus!

Die Kinder sammeln Schneckenhäuser und entsprechendes Bildmaterial. Daraus entsteht eine Schneckenhaussammlung im Klassenzimmer, welche die Vielfalt und Besonderheit dieser interessanten Gebilde zum Ausdruck bringt. Die Kinder betrachten und betasten die „gedrehten Kunstwerke“ immer wieder. Dabei stellen sie fest, daß ein Schneckenhaus viele Farben hat und eine interessante Oberflächenstruktur aufweist.
Die Farbpalette ist auf Pastelltöne begrenzt, das heißt alle Farben werden mit Deckweiß aufgehellt.

Zeitlicher Rahmen: 2–3 Stunden
Material: Packpapierbögen 25 × 50 cm, Borstenpinsel (12), Deckfarben, Deckweiß, Klopapierrollen

Im blauen Land des Zauberers Blaubart (Kl. 4)

Damaris Scholler

Fächerverbindend: Textiles Werken

Worum geht es?

Farben beeinflussen den Menschen schon in seinen frühesten Entwicklungsphasen. Die Farben von Dingen in seiner Umgebung, die farbige Gestaltung von Räumen, die ihn umgeben, sowie die individuelle Augen-, Haar- oder Hautfarbe. Farben bestimmen und leiten unsere Wahrnehmung und unser Empfinden. Farben können aggressiv machen oder auch beruhigen.

Die Kinder setzen absichtsvoll Farbe ein, dabei entwickeln sie ein zunehmendes Interesse für differenzierte Farbverläufe. Sie stellen ein differenziertes monochromes Farbspektrum her

Wir wollen uns nur mit einer einzigen Farbe und deren unendlich vielen mischbaren Nuancen beschäftigen: Blau.

Mit Blau verbindet man die Farbe des Wassers, der Ozeane, der Seen und Flüsse. Blau ist die Farbe des Himmels und des Universums. Der Farbe Blau werden kalte Temperatureigenschaften zugeschrieben.

Blau ergibt in seiner Mischung mit Gelb: Grün und in seiner Mischung mit Rot: Violett. Die Komplementärfarbe zu Blau ist Orange.

In der Bildenden Kunst wird die Farbe unterschiedlich gedeutet, hier nur einige Beispiele:

Der zeitgenössische Künstler Yves Klein bezeichnet Blau als „Alldurchdringend" und als die Verwirklichung des „Ewig Geistigen" – „Blau ist immer".

Bei Pablo Picasso findet man die französische Auffassung von: „Blau als Farbe der Schwermut" wieder, zum Beispiel im „Alten Gitarrenspieler" (1903). Franz Marc spricht von der Farbe Blau als „männliches Prinzip". Die Sensibilisierung für monochrome Farbklänge und feine Farbabstufungen steht im Zentrum des dargestellten Unterrichtsvorhabens.

Zu Beginn der Grundschulzeit umfaßt der Wortschatz der Kinder in der Regel folgende Farbnamen: Rot, Blau, Gelb, Grün, Weiß, Schwarz, Braun. Später gewinnen die Lieblingsfarben mehr an Bedeutung, und so erweitert sich der Wortschatz um Pink und Lila usw.

Dies weist auf eine recht undifferenzierte Farbwahrnehmung hin. Die Farbe dient allein zur näheren Bezeichnung bestimmter Gegenstände oder Sachen, zum Beispiel: das rote Auto, die blauen Schuhe.

Blau ist Blau … und basta!

Die Farbe Blau: himmelblau, grünblau, blaugrau, dunkelblau, …

Mit Hilfe einer kleinen Spielszene werden die Kinder für die Thematik sensibilisiert. („Ich sehe was, was du nicht siehst und das ist blau …“). Die Kinder suchen blaue Dinge im Klassenzimmer. In Form des bekannten Ratespiels müssen sie erraten werden. Wenn möglich sollen dabei unterschiedliche Bezeichnungen für die Farbe Blau gesucht werden.

Ein blaues Sammelsurium

Die Kinder betrachten ihre eigene Kleidung und stellen dabei fest, wie viele blaue Kleidungsstücke in einer Schulklasse getragen werden. Am darauffolgenden Tag bringen die Kinder unterschiedliche blaue Dinge von zu Hause mit, das können zum Beispiel sein: Kuscheltiere, Autos, eine Vase, altes Geschirr, Plastiklöffel, ein Ball, Steine, Murmeln, Perlen, Verpackungsteile, ...

Jedes Kind stellt seine mitgebrachten Sachen vor und findet selbst dazu passende Farbnamen: Türkis, Schwarzblau, Meerblau, Himmelblau, Blauviolett. Aus allen mitgebrachten Sachen entsteht eine lustige Assemblage (Materialsammlung als Bild arrangiert, Anfangsunterricht Kunst, 1./2. Schuljahr, „Das Farbenreich“, S. 50–51).

In den Pausen oder in Phasen freien Spielens beschäftigen sich die Kinder mit der blauen Ausstellung, finden neue Gegenstände oder stellen blaue Dinge her, arrangieren und ordnen die Sammlung immer wieder neu.

In der Farbenküche

Die Kinder färben selbst Baumwollstoff in unterschiedlichen Blautönen.

Aus Weiß wird Blau

Jedes Kind erhält einen Stoffstreifen aus Baumwolle (altes weißes Laken). In der Technik des „Tauchfärbens“ gestalten die Kinder ihre Stoffstreifen. An unterschiedlichen Stellen tauchen sie ihre Stoffstreifen in verschiedene Farbbäder ein (Blautöne entstehen durch Verändern der Farbbäder).

Es entsteht ein gefärbtes Band (ca. 15 cm × 140 cm) mit sehr interessanter Farbgestaltung.

Färbespuren, Farbmischung, Farbverläufe und unterschiedliche Farbqualität sind gut zu beobachten.

Und so wird es gemacht – Tips zur Organisation

Die Kinder arbeiten an Gruppentischen.

Gemeinsam mit den Kindern werden die Farbflotten in Eimern kalt angerührt. Verschiedene Blautöne sowie die Farben violett, grün und schwarz werden jeweils mit Blau gemischt.

Färben macht Spaß

Jeder Gruppentisch erhält eine oder zwei Farbflotten, die nach jedem Färbegang mit einem anderen Gruppentisch ausgetauscht werden. Beim Färben kommt es nicht auf ein sauberes Färbeergebnis an, sondern vielmehr auf interessante Farbverläufe und Mischungen. Da die gefärbten Stoffstreifen nicht als Kleidung Verwendung finden und in diesem Fall keine Pflege und Trageeigenschaften aufweisen müssen, wird auf Fixieren und Auswaschen bewußt verzichtet.

Die gefärbten Stoffstreifen werden von Hand ausgewrungen und zum Trocknen auf dickem Zeitungspapier ausgelegt, möglicherweise auch auf einem Wäscheständer auf einer wasserabweisenden Unterlage gehängt.

Nach dem Trocknen bügelt jedes Kind seinen Stoffstreifen. Durch das Bügeln treten Farbspuren deutlich hervor und die Kinder erleben die Farbverläufe Zentimeter um Zentimeter.

Interessante Färbeergebnisse werden gemeinsam betrachtet.

Zum Beispiel: Farbübergänge, Farbverläufe durch Knautschen und Knittern, Farbüberlagerungen und Farbflecke.

Eine Stoffsammlung wird angelegt

Alles was blau ist

Zusätzlich zu den gefärbten Stoffen werden noch weitere blaue Stoffreste in einem Karton gesammelt und so die Stoffauswahl um unterschiedliche Stoffqualitäten und Arten erweitert. Tüll, Spitze, Samt, Jeans, ...
Für die unterschiedlichen Blautöne in der Stoffkiste werden Namen gesucht, sie werden befühlt und betastet, nach Farben oder Strukturen geordnet, von hell nach dunkel, von hart nach weich.

Die Geschichte

„Es war einmal ein Zauberer, der hieß Blaubart. Seine Lieblingsfarbe war Blau. Er zauberte alles in seiner Umgebung blau – schließlich sogar seinen Bart. Die Leute nannten die Gegend, in der er wohnte, deshalb auch das Blaulaulaland. Dort gab es, wie ihr euch vielleicht denken könnt, blaue Bäume, blaue Steine, blaue Tiere, blaue Blumen. Einfach alles war blau. Eines Nachts hatte der Zauberer einen blauen Traum. Er träumte von einem herrlichen, blauen Schloß, das ihm gehören sollte. In allen Blautönen, die es auf der Welt nur gab, erstrahlte das Schloß ...“

Ein blaues Traumschloß für den Zauberer

Die Bänke im Klassenzimmer sind zu Gruppentischen zusammengestellt. Auf jedem Gruppentisch befindet sich ein Korb mit den gefärbten Stoffstreifen und anderen blauen Stoffresten.
Der Bildgrund, auf dem gearbeitet wird, ist hellgraues Tonpapier im Format DIN-A3.
Auf dieses Tonpapier kleben die Kinder in Collagetechnik die in Farbe, Form und Größe unterschiedlichen Stoffstücke in Blautönen.
Durch diese aufgeklebten Stoffflächen wird die Bildfläche zunächst grob gegliedert.
Wichtig ist dabei, daß zwischen den aufgeklebten Stoffstücken immer Zwischenräume oder ganze Teilbereiche zum Malen ausgespart werden.
Nach dem Collagieren erproben die Kinder das Mischen von unterschiedlichen Blautönen. Zur Verfügung steht ihnen der Malkasten, viel Deckweiß und der Borstenpinsel. Gemischt wird auf alten ausrangierten Porzellantellern – einer Art Palette.
Mit allen erdenklichen, ermischten Blautönen wird nun die Collage mit intensivem Farbauftrag weiter farblich ausgestaltet.

In Stoff und Farben schwelgen

Alles ist erlaubt
Die Stoffstücke können teilweise, im Sinne der Gesamtkomposition, auch mit Farbe überarbeitet werden. Durch die Überlagerung von Stoffstruktur und Farbe werden interessante Wirkungen erzielt. Diese Dinge sollten mit den Kindern bereits vorher besprochen und geklärt werden.
Das Schloß muß zum Glück nicht der Überprüfung durch eine Baubehörde standhalten, deshalb sind außergewöhnliche Bauformen erwünscht.
Die Gestaltung des Schlosses soll das Format füllen, Teilbereiche des möglicherweise noch verbleibenden Hintergrundes werden auch in Blau gestaltet und durch virtuose Pinselführung oder mit Schwämmchen vom übrigen Gebäude abgesetzt (Farbtafel II, 1).

Lauter Schlösser für das Blaulaulaland
Alle entstandenen Arbeiten werden gemeinsam betrachtet.
Unterschiedliche Gestaltungsweisen werden beobachtet und wertungsfrei beschrieben.
Zum Beispiel: die Anordnung der Farbflächen, ihre Ausgestaltung, Wechselwirkung von textilem Material und Farbe, sowie die Gesamtwirkung des Bildes.
Bei den entstandenen Schülerarbeiten kann man zwei grobe Gestaltungsrichtungen feststellen:

Zauberhafte Zauberschlösser

- Sehr formgebundene Schülerarbeiten, die sich eng an reale Vorstellungen von „Mauer“ und „Schloß“ halten, sowie
- sehr freie Varianten, in denen Strukturen, Stoffflächen und Farben verschmelzen und nur noch im weitesten Sinne eine Gebäudeform erahnen lassen.

Die unter Umständen sehr unterschiedlichen Bildlösungen spiegeln die Individualität der Kinder wider und müssen jeweils in ihrer Besonderheit und Eigentümlichkeit betrachtet und wertgeschätzt werden. Der „Prozeß des Machens“ und die Intensität der Auseinandersetzung mit dem Material und der Farbe müssen entscheidend eine spätere Beurteilung des Lehrers oder der Lehrerin bestimmen.

Zeitrahmen: Ein Unterrichtsvorhaben von 4 bis 6 Stunden
Material: Selbstgefärbte Baumwollstoffe, blaue Stoffreste, Deckfarben, Deckweiß, Borstenpinsel, Klebstoff, hellgraues Tonpapier DIN-A3, Schere
Technik: Tauchfärben, Collage, Deckfarbenmalerei

Ich bin ich und du bist du (Kl. 3)

Damaris Scholler

Die Kinder nehmen Farben differenziert wahr. Sie erkennen deren Wirkung und setzen Farben zielgerichtet ein. Die Kinder erahnen, daß durch die Veränderung der Farbe eine Veränderung der Wirkung eintritt

Worum geht es?

Im Vorschulalter und auch noch in den ersten zwei Grundschuljahren fertigen Kinder mit Begeisterung Selbstdarstellungen an. Vom Kopffüßler bis hin zur schon ausgestalteten Figur präsentieren sie ihre Bilder voll Stolz und Selbstbewußtsein. Die Kinder zeichnen sich von „innen heraus", ihr Wissen, Denken und Fühlen – all das fließt sozusagen in das Bildnis ein. Realitätstreue einer Darstellung spielt in dieser Entwicklungsphase noch kaum eine Rolle.
Am Ende des Grundschulalters und bei älteren Schülern hingegen entsteht in der Regel zunehmend das Bedürfnis nach Realismus und nach photographischem Abbilden der eigenen Person. Der bildnerische Schwerpunkt bei den Kindern liegt nun eher auf einer formalen Richtigkeit der Darstellung. Dieser Anspruch hemmt zunehmend das Gestalten. Es ist wichtig, diese Tatsache bei den Vorüberlegungen zur Themenstellung „Selbstbildnis" zu berücksichtigen. Ein gelungenes Selbstbildnis birgt eine Botschaft in sich, die für das Kind von großer Bedeutung ist und sagt mehr aus als eine starre „fotografische" Abbildung.
Im folgenden Unterrichtsvorhaben wird dargestellt, wie Kinder der dritten Klasse ihr Gesicht „erfahren" und ihre Eindrücke in Farbe umsetzen.

Porträts ganz anderer Art

Eine erste Vorstellungsbildung in bezug auf die Technik und die farbliche Ausgestaltung erfolgt in Form einer Bildbetrachtung. Unterschiedliche Bildnisse des russischen Künstlers Alexeij von Jawlenski (1864–1941) eignen sich in diesem Zusammenhang besonders gut.
Hier einige Beispiele:
- Mädchen mit Zopf, 1916, Aquarell;
- Studie zu „Exotischer Kopf", 1915/1916, Aquarell;
- Abstrakter Kopf: arabisches Märchen, Oktober 1925, Öl auf Karton;
- Meditationen: Juli 1935 N. 15 und März 1936 N. 20, Öl auf Karton.

Folgende Schwerpunkte werden bei der Bildbetrachtung gesetzt:
- Die Farbgebung und die Farbauswahl sehen und beschreiben.
- Die malerische Darstellung mit der Wirklichkeit vergleichen.
- Eine mögliche Begründung für die Art der malerischen Darstellung suchen; zum Beispiel: Phantasie, Wunschdenken, Gefühle oder „nur das Wichtige darstellen".

Ich spüre mein Gesicht

„Wenn wir sehen wollen, wie wir aussehen, brauchen wir nur in den Spiegel zu schauen oder ein Foto zu betrachten. Aber was unser Gesicht uns sagt, wenn wir die Augen geschlossen halten, das wollen wir jetzt entdecken."

Eine Entdeckungsreise in mein Gesicht

Mit geschlossenen Augen: Die Lehrerin oder der Lehrer leitet die Kinder mit ruhiger und leiser Stimme zur „Entdeckungsreise im Gesicht" an. Kinder, die Probleme haben Ruhe zu finden oder mit ihrem eigenen Körper umzugehen, können präventiv mit Hilfe von Stilleübungen auf diese Unterrichtssituation vorbereitet werden. *„Ich suche in meiner Vorstellung meine Nase, meinen Mund, meine Augen und mein Kinn"* (ohne die Hände dabei zu benutzen).

Mein Kopf ist rund,
mein Kopf ist rund,
hat Nase, Augen,
Ohr und Mund

Danach ertasten die Kinder nun ihre unterschiedlichen Gesichtsteile mit den Händen wie: Nase, Mund, Augen, Ohren, Wangen, Kinn, dazu Haaransatz, Augenbrauen und Hals.
Zuletzt werden die unterschiedlichen Gesichtspartien auf ihre besondere Beschaffenheit untersucht:

- Weiche und harte, knochige Stellen.
- Kantige und runde Formen.
- Warme und kühle Hautbereiche.

Mein Gesicht gibt es nur einmal

Jetzt gehen die Kinder an die Arbeit. Sie malen in Mischtechnik (Ölpastellkreiden/Deckfarben) auf Packpapier ein formatfüllendes Porträt in der Größe DIN A2. Hinweise für die Kinder in bezug auf Blattformat und Kopfgröße sind hier erforderlich.
Die grobe Anlage des Kopfes sowie die flächige Ausgestaltung mit unterschiedlichen Farben erfolgt mit Deckfarben. Mit Ölpastellkreiden können dann Konturen oder besondere Flächen herausgearbeitet und betont werden. Immer wieder kann man die Kinder dabei beobachten, wie sie ihr Gesicht auch noch während der Arbeitsphase betasten und mit geschlossenen Augen kalt und warm, hart oder weich erspüren, dann sogleich zum Pinsel oder zur Kreide greifen und ihre Eindrücke umsetzen.

Prächtige Gesichter aus Gefühlen und Farben

Die entstehenden Arbeiten sind sehr unterschiedlich.
Mit Spannung werden sie gemeinsam betrachtet.

Das bin ich –
hättest du das gedacht?

Alle Arbeiten spiegeln direkte Empfindungen der Kinder wider, deshalb muß in einer Betrachtungssituation sehr sensibel vorgegangen werden (Farbtafel II, 2). Es ist wichtig, grundsätzlich alle Arbeiten wertzuschätzen und mögliche abwertende Bemerkungen seitens der Kinder zu unterbinden.

Zeitrahmen: 2–3 Stunden
Material: Ölpastellkreiden, Deckfarben, Borstenpinsel, Packpapier DIN-A2, Schultemperafarben

Farbformen ins Bild gebracht (Kl. 3/4)

Damaris Scholler

Fächerverbindend: Mathematik

Worum geht es?
Die Grundidee dieser Gestaltungsaufgabe entstand beim Betrachten des abstrakten Aquarells von Wassily Kandinsky „Spitzen im Bogen" (1926, Farbtafel III, 1). Die handlungsorientierte Auseinandersetzung mit einem abstrakten Kunstwerk bietet den Kindern Möglichkeiten, selbst Kompositionen und Bildaufbau zu entdecken. Sie erfahren, daß ein Bild Wirkung und Aussage haben kann, auch wenn es keine Gegenstände oder Personen darstellt.

Farbige Elemente und Bildteile gruppieren und anordnen. Als Gruppe eine gemeinsame bildnerische Lösung finden

Vorurteile und Berührungsängste in bezug auf abstrakte Kunst werden bei den Kindern abgebaut und eine geistige Grundhaltung angebahnt, die sich durch Offenheit und Unvoreingenommenheit kennzeichnet. In Anlehnung an das Kunstwerk „Spitzen im Bogen" werden farbige, geometrische Formen aus Papier als flexibles Spielmaterial eingesetzt. In Gruppenarbeit kommen die Kinder zu unterschiedlichen Bildlösungen. Durch diese im Kunstunterricht nicht gerade übliche Arbeitsform werden zusätzlich Komponenten des „sozialen Lernens" berührt, sowie „Teamfähigkeit" spielerisch eingeübt.

Das Bild

Farbenpracht in der Dunkelheit

Spitzen im Bogen 1926

Im Halbkreis angeordnet, erstrecken sich auf dunklem Hintergrund variantenreich ausgestaltete, geometrische Formen. Große und sehr kleine Formen in ständigem Wechsel (Dreiecke, Vierecke, Quadrate und Kreise) heben sich in leuchtender Farbenpracht vom fast schwarzen Hintergrund ab, so als würden sie in einem endlosen Raum schweben. Vielfach bilden die Farbformen Überschneidungen, welche jeweils durch wechselnde Farbgestaltung betont werden. In der linken Bildhälfte, umrahmt von den rechts aufsteigenden Formen, befinden sich vereinzelte auf der Bildfläche angeordnete Farbformen: Wellenlinien, Kreise, ein Quadrat und ein Dreieck. Sie sind einander so zugeordnet, daß sich Gegenständliches assoziieren läßt, zum Beispiel: Wasser, Haus, Dach …

Der Künstler – Ein Pionier der abstrakten Malerei
Wassily Kandinsky wurde 1866 in Moskau geboren. Er studierte Jura in Moskau, danach Kunst in München. Kandinsky war Mitbegründer der Künstlervereinigung

Ein Komponist der Farben und Formen

„Der Blaue Reiter". 1922 bis 1932 war Kandinsky Lehrer am Bauhaus in Weimar und Dessau. In dieser Zeit entstand das oben beschriebene Bild. Der Umbruch vom expressionistischen Stil zum ungegenständlichen Arbeiten war für Kandinsky vollzogen. Kennzeichnend für seine Arbeiten in diesen Jahren war: Vorwiegend geometrische Grundformen mit klaren Umgrenzungen werden spannungsreich auf der Bildfläche angeordnet. Die leuchtende Farbigkeit der Formen ist besonders auffällig. 1933 siedelte er nach Paris über. 1944 starb Kandinsky in Neuilly-sur-Seine.

Gemeinsam kreativ sein... geht das?

Ein Team – ein Bild

Im Kunstunterricht der Grundschule ist das Arbeiten in einer Gruppe bei ausgewählten Aufgabenstellungen eine echte Alternative zur häufig eingesetzten Einzelarbeit. Das Arbeiten in einer Gruppe an einem gemeinsamen bildnerischen Gesamtkonzept stellt an den einzelnen Schüler besondere Anforderungen und kann bestimmte Verhaltensweisen unterstützen und ausprägen. Denn nicht das individuelle Bildergebnis eines einzelnen Kindes steht im Vordergrund, sondern die besondere Bedeutung kommt schon dem Prozeß des gemeinsamen Entstehenlassens zu und allen damit verbundenen notwendigen kommunikativen und sozialen Handlungen.

Um zu einem für alle Beteiligten befriedigenden Ergebnis zu kommen, müssen die Gruppenmitglieder als Team arbeiten. Das erfordert von allen Kindern in hohem Maße Fähigkeiten aufzubringen wie: Zuhören, Abwarten, die eigene Idee artikulieren, gemeinsame Vorgehensweisen abwägen und diskutieren, auf Vorschläge anderer eingehen, eventuell auch die eigene Idee zugunsten einer anderen zurückstellen oder zu variieren.

Partnerarbeit

Lebhaft oder still, laut oder leise

Gruppenarbeit ist eine Arbeitsform, deren Erfolg von der Fähigkeit der Kinder abhängig ist, Regeln einzuhalten, aber auch mit den Zusammensetzungen der einzelnen Gruppen zusammenhängt.

Ohne Regeln geht es nicht

Regeln für die Gruppenarbeit sollen dazu beitragen, die unterschiedlichen Temperamente der Kinder einer Klasse auszugleichen, die einen etwas zurückzunehmen und die anderen auch zum Zuge kommen zu lassen.

Solche Regeln können zum Beispiel sein:
- Die einzelnen Gruppenmitglieder unterhalten sich leise miteinander.
- Jedes Kind erhält 2 Formen.
- Achtet darauf, daß nicht ein Kind alles bestimmt.

Das Verhalten während der Arbeit soll geprägt sein von folgenden Schritten:
- Erst zuhören, dann hinsehen, überlegen, sprechen und beurteilen, möglicherweise variieren.
- Die gemeinsame Bildfläche muß so auf dem Tisch liegen, daß alle sie gleich gut erreichen können.
- Das erste Auflegen der Formen erfolgt still und ohne Kommentar der anderen.
- Hat jedes Kind seine Form aufgelegt, darf „verändert werden", wenn die Gruppe damit einverstanden ist.

Wir arbeiten zusammen

Das Arbeitsmaterial wird den Kindern vorgestellt.

Schwarzes Tonpapier DIN-A2 als Bildfläche, dazu in Farbe und Größe unterschiedliche geometrische Formen in leuchtenden Farben. Die Farbformen sollen so gestaltet sein, daß sie untereinander auch kombiniert werden können, z. B.: in ein großes gelbes Dreieck kann ein kleiner, roter Kreis gelegt werden usw.
(Die Größe der Farbformen liegt zwischen ca. 5 cm und 20 cm).

Unterschiedliche Gestaltungsvarianten können zur Einstimmung und zur Vorstellungsbildung kurz gemeinsam angesprochen werden. Auch die Möglichkeit, daß die Formen Überschneidungen bilden können, ist ein wichtiger Hinweis im Hinblick auf das Ergebnis. Nun können alle erdenklichen Farb- und Formkombinationen auf dem schwarzen Hintergrund zu einem Bild zusammenfinden.

Mein Bild – dein Bild – unser Bild

Besonders wichtig für gutes Gelingen ist das Einhalten der abgesprochenen Regeln. Die Zusammensetzung der einzelnen Gruppen kann im vorhinein überlegt werden.

Jede Gruppe findet eine eigene Gestaltungslösung

In einem großen Umschlag oder Karton erhält jede Gruppe ihr Arbeitsmaterial. Mit Spannung und Neugierde werden die Bildelemente ausgepackt und betrachtet.

Ein Dreieck sucht seinen Platz

Sofort beginnt geschäftiges Suchen, Legen und Ausprobieren bis jedes Kind „seine“ Form gefunden hat. Um Unstimmigkeiten in der Gruppe zu vermeiden, können die Kinder auch aus dem großen Umschlag die Farbformen nach dem Zufallsprinzip ziehen.

Die Zusammenstellung des Formenmaterials ist bei jeder Gruppe etwas anders.

Zunächst werden die Farbformen nur lose aufgelegt, anschließend erfolgt eine Phase der gemeinsamen Reflektion in den jeweiligen Gruppen.

Gemeinsam besprechen die Kinder Ordnungsvarianten, legen, gruppieren, probieren aus und verwerfen wieder.

Viele Ideen führen zum Ziel

Ein Nebeneffekt dieser Gestaltungsaufgabe ist, daß die Kinder „wie von selbst“ auf verschiedene Ordnungsprinzipien stoßen.

Ordnungsmöglichkeiten, die bei den Kindern häufig auftreten, sind zum Beispiel:

erst eine Skizze anfertigen

- Jedes Element steht für sich. Die Kinder verteilen alle Bildelemente gleichmäßig mit entsprechenden Abständen untereinander auf der Bildfläche. Dabei wird die Wichtigkeit jedes einzelnen Elements betont. Die Gesamtkomposition wirkt additiv und eher spannungslos.
- Der Urknall: Die Bildteile werden stark in der Mitte der Bildfläche zentriert (geballt) und verflüchtigen sich eher nach außen hin.
- Reihungen und Muster. Es ist bei lauter verschiedenen Bildelementen schwierig, ein regelmäßiges Ordnungsprinzip zu finden, dennoch entsteht teilweise das Bedürfnis danach. Ordnungsformen nach Größe, Farbigkeit, in Reihen oder kleinen Gruppen entstehen auf der Bildfläche.
- Von unten nach oben gebaut. Die Bildelemente können auch als „Bausteine“ verstanden werden und sich vom unteren Bildrand nach oben ranken.
- Der Fisch, der Vogel, das Flugzeug ... Die Kombination der abstrakten Farbformen in gegenständlicher Absicht ist eine immer wieder auftretende Gestaltungsform.

Viele Ideen werden zu einem Bild

Haben alle Kinder das Gefühl, die beste Lösung erreicht zu haben, werden die Farbformen vorsichtig Stück für Stück aufgeklebt (Farbtafel III, 2). Denkbar wäre hier auch, die verschiedenen Bildlösungen der einzelnen Gruppen fotografisch festzuhalten.

Spielvariante: Die Teile werden nicht aufgeklebt, sondern die Gruppen wechseln nach einer gewissen Zeit die Tische und arbeiten an einem anderen Tisch weiter.

Anschließend suchen die Kinder einen passenden Titel für ihr Bild.

Auch für die Lehrerin oder den Lehrer ist die Arbeitsphase der Kinder ein faszinierender Prozeß.

Intensive Gespräche, stilles Abwarten, Begeisterung, ausgerufene Assoziationen, geschäftiges Legen und schnelles Verwerfen einer Idee bilden ein spannungsvolles Auf und Ab und kennzeichnen die Arbeit in den einzelnen Gruppen.

Jede Gruppe ist stolz auf ihr Ergebnis

Geschichten von Kreisen, Dreiecken und Quadraten

Jede einzelne Gruppe stellt ihren Mitschülern und Mitschülerinnen ihr Ergebnis vor und verrät den Namen ihres Bildes. Diese Phase ist ein wichtiger Prozeß der gegenseitigen Wertschätzung. Kompositorische Besonderheiten der Gruppenarbeiten werden gezeigt und besprochen, sowie aufgetretene Ordnungsprinzipien beschrieben, erläutert und verglichen. Im Klassengespräch können zusätzlich die Erfahrungen ausgetauscht werden, die Kinder während der Gruppenarbeit gemacht haben: Hat es funktioniert? Was war schwierig?...

Die Überraschung zum Schluß

„Was meint ihr dazu?"

Das Aquarell von Wassily Kandinsky: „Spitzen im Bogen" wird als Überraschung zwischen den Schülerarbeiten „enthüllt". Auf dem Hintergrund der eigenen Arbeit betrachten die Kinder das Bild. Sie interessieren sich sehr genau für die Technik, in der das Bild entstanden ist und finden selbst heraus, daß es gemalt und nicht geklebt ist. „Fachmännisch" stellen die Kinder Gemeinsamkeiten und Unterschiede fest, beschreiben den Bildaufbau von Kandinskys Aquarell und deuten bestimmte Formkombinationen. Auch die Farbgebung bietet viel Gesprächsstoff: Hell-Dunkel-Kontraste, kalte oder warme Farbwirkung.

Wie kann es weitergehen?

Jedes Kind malt mit Deckfarben und viel Deckweiß auf schwarzem Tonpapier selbst „seine" Farben- und Formenkomposition.
Aufgrund der gestalterischen Arbeit im Vorfeld hat jedes Kind eine Vielzahl von Gestaltungsvarianten kennengelernt und kann nun seine eigene Gestaltungsform entwickeln.

„Mein Bild"

Zeitrahmen: 1–2 Stunden
Material: Vorgeschnittene, geometrische Farbformen in unterschiedlicher Größe (ca. handgroß) und leuchtende Farben, schwarzes Tonpapier DIN-A2, Klebestift.
Medien: Wassily Kandinsky: Spitzen im Bogen, 1926, Aquarell
Literatur: Unterrichtsideen – Konfliktlotsen, Klett-Nr. 196106
Unterrichtsideen – Anfangsunterricht Kunst, 1. und 2. Schuljahr, Klett-Nr. 196114

Das Änderhaus (Kl. 3)

Hilleke Hüttenmeister

Worum geht es?

Wirkungen und Aussage von Farben erfahren

Beim Malen färben Kinder häufig ihre Formen, ohne den Farbbeziehungen sonderlich Beachtung zu schenken. Sie müssen erst lernen, Farbbeziehungen im Blick auf eine bestimmte Wirkung hin zu beurteilen und zu nutzen. Die Wirkung von Farben beruht darauf, wie Farben aufgetragen und wie welche Farben miteinander kombiniert werden. Der Anteil jeder Farbe und ihr Platz innerhalb einer Komposition machen die Wirkung aus. Die Wirkung von Farben innerhalb einer Farbkomposition läßt sich dann genauer beobachten, wenn die Farbanteile immer wieder verändert werden. Deshalb ist ein Motiv geeignet, das die Veränderung der Farbformen zum Inhalt hat. In der „Unendlichen Geschichte" von Michael Ende findet sich die Passage vom „Änderhaus", einem Haus, das seine Form fortlaufend verändert. Mit den Formen verändert sich auch der Anteil der jeweiligen Farbe, so wird zum Beispiel aus einem kleinen, roten Fenster auf blauer Hauswand mit grüner Dachrinne ein großes, rotes Fenster mit grünen Läden auf blauer Wand. Das Bildzeichen für „Haus" gehört schon früh zum Formenrepertoire der meisten Kinder und wird in seiner Ausprägung oft nicht in Frage gestellt und von sich aus variiert. Das Motiv „Änderhaus" erfordert gleichzeitig die bewußte Variation und Differenzierung des Bildzeichens „Haus". Michael Ende, dessen Werke einen Schatz an phantasievollen, bildnerischen Motiven bieten, hat das „Änderhaus" so plastisch beschrieben, daß die Textpassage geeignet ist, die Kinder mit dem Motiv vertraut zu machen, auch wenn nicht die ganze „Unendliche Geschichte" bekannt ist. Wenn die Kinder die „Unendliche Geschichte" mit ihrem Helden Bastian nicht kennen, kann das Vorlesen der Textstelle folgendermaßen eingeleitet werde.

Die Geschichte

Auf der Reise nach Phantàsien

Als der zwölfjahrige Bastian einmal nach Phantàsien gereist ist, *„erblickte er etwas, das ihn in Erstaunen setzte, weil er auf seinem Wege durch Phantàsien noch nie etwas derartiges gesehen hatte, nämlich einen Wegweiser mit einer geschnitzten Hand die in eine Richtung zeigte. ‚Zum Änderhaus', stand darauf. (…)*

1

1 Was den Briefwechsel des ehrwürdigen Abu Rhizinus betrifft (S. 24), Schülerarbeit

2 Natur erleben – Natur malen (S. 36), Schülerarbeit

2

1

2

1 Im blauen Land des Zauberers Blaubart (S. 38), Schülerarbeit
2 Ich bin ich und du bist du (S. 42), Schülerarbeit

1

1 Wassily Kandinsky: Spitzen im Bogen, 1926
2 Farbformen ins Bild gebracht (S. 44), Schülerarbeit

2

1

1 Das Änderhaus (S. 48), Schülerarbeit
2 Wo ist er denn (S. 50), Schülerarbeit

2

1

1 Peter Baujurljurl: Moon dreaming from Abaladjawadburna, 1993.
Naturfarben auf Rinde, 78 x 51 cm. Zentralarnhemland, Maningrida.

Der Mond kletterte als Mondkind einen Baum hinauf und verließ die Erde. Dabei rief er: „Wenn ihr sterbt ist es für immer, ich sterbe und komme zurück.“ Sein Sterben und die verschiedenen Mondphasen sind im oberen Bildteil zu sehen, daneben die Sterne, die jeweils mit einem bestimmten Klan verbunden sind.

1

2

1–2 Malen wie die Aboriginees – Farben selbst herstellen (S. 52), Schülerarbeiten
3–4 Buntbewegte Träume – Schattenspielfiguren aus farbiger Folie (S. 62), Schülerarbeiten

3

4

1

1–2 Tor nach Phantásien (Wandgestaltung S. 66), Schülerarbeit

2

1

2

1 Als die Spinnen ins Land der Leitern kamen (S. 68), Schülerarbeit

2 Raumaktionen mit Zeitungen (S. 70), Schülerarbeit

Ganz am Ende der Allee tauchte ein Haus auf. Beim Näherkommen stellte Bastian fest, daß es wohl das drolligste Haus war, das er je gesehen hatte. Ein hohes spitzes Dach saß wie eine Zipfelmütze auf einem Gebäude, das eher einem Riesenkürbis glich, denn es war kugelig, und die Wände hatten an vielen Stellen Beulen und Ausbuchtungen, sozusagen dicke Bäuche, was dem Haus ein behäbiges und gemütliches Aussehen verlieh. Es gab auch ein paar Fenster und eine Haustür, alles irgendwie schief und krumm, als wären diese Öffnungen ein wenig ungeschickt in den Kürbis hineingeschnitten. Während Bastian auf das Haus zuging, beobachtete er, daß es in einer stetigen langsamen Veränderung war. Etwa mit der Geruhsamkeit, mit der eine Schnecke ihre Fühler hervorschiebt, bildete sich auf der rechten Seite ein kleiner Auswuchs, der allmählich zu einem Erkertürmchen wurde. Zugleich schloß sich auf der linken Seite ein Fenster und verschwand nach und nach. Aus dem Dach wuchs ein Schornstein hervor, und über der Haustür bildete sich ein Balkönchen mit Gitterbaltustrade. Bastian war stehengeblieben und beobachtete die fortwährenden Veränderungen mit Staunen und Belustigung. Jetzt war ihm klar, warum das Haus den Namen 'Änderhaus' trug."

Das Spiel vom Änderhaus

Und das Änderhaus ändert sich und ändert sich und ändert sich …

Ein kleines Spiel im Sitzkreis knüpft an die Beschreibung an und macht den Kindern bewußt, was sich bei einem Änderhaus so alles ändern kann. Ein Hinweisschild „Zum Änderhaus" wird im Kreis weitergegeben und jedes Kind, das möchte, liefert eine neue Beschreibung des Änderhauses. Mit den einleitenden Worten: „Und das Änderhaus ändert sich und ändert sich" stellt das Kind sein Änderhaus vor, wobei es insbesondere auf Veränderungen an Türen und Fenstern eingeht. Das Kind, das seine Beschreibung anschließt, muß darauf achten, daß es bei allen zuvor genannten Teilen Veränderungen nennt.

Farben für Fenster, Türen, Wände, Dächer

Wenn es um die Beobachtung von Farbanteil und Gewichtung in der Komposition geht, ist es wichtig, ein Farbmaterial zu benutzen, dessen Skala einerseits umfangreich und dessen Töne andererseits gleich bleiben und nicht erst mühsam gemischt werden müssen. Es bieten sich deshalb Ölpastellkreiden (z.B. Jaxonkreiden) an.

8mal mein Änderhaus

Ein farbiger Tonpapierbogen im Format DIN-A2 wird so gefaltet, daß acht Felder entstehen. Die Kinder wählen sich fünf Pastellkreiden aus, die sich von der Untergrundfarbe abheben und die nach ihrer Meinung miteinander harmonisieren. Nun entsteht in jedem Feld ein anderes Haus mit einer anderen Kombination der fünf gewählten Farben (Farbtafel IV, 1).

Mein Rot ganz groß/mein Rot ganz klein

Ein Gespräch mit den Kindern über ihre Farbformen stellt die Bedeutung des jeweiligen Farbanteils heraus. Da einige Kinder sicher dieselben Farben in anderer Kombination benutzen, lassen sich Aussagen darüber machen, in welcher Kombination welche Farbe besonders hervorsticht oder heller oder dunkler wirkt.

Zeitrahmen: 3–4 Stunden
Material: Farbiges Tonpapier im Format DIN-A2, Ölpastellkreiden (Jaxonkreiden)
Literatur: Ende, Michael: Die unendliche Geschichte, Stuttgart 1979

Wo ist er denn? (Kl. 3/4)

Hilleke Hüttenmeister

Farbe absichtsvoll einsetzen, um bestimmte Wirkungen zu erzielen

Worum geht es?

Grundschulkinder stellen beim Malen meist eindeutige Beziehungen zwischen Farbe und Objekt her, das heißt der Gegenstand wird durch die Farbe näher bezeichnet. In der Regel werden dafür Gegenstandsfarben verwendet, also die Wiese grün und die Sonne gelb gemalt, nur gelegentlich kommt es bei einzelnen Kindern aus emotionalen Gründen zu Abweichungen in Farbwahl und Farbsetzung.
Nicht beachtet wird dabei der Bildgrund, als „Luft" definiert, bleibt er oft weiß. Auch das Malen auf vorgegebenem farbigen Papier ändert daran nichts. Kinder müssen also erst lernen, daß die Hintergrundfarben dieselbe Bedeutung haben wie die Farbfigur selbst und ihre Wirkung mitbestimmen. Wichtig sind deshalb Gestaltungsaufgaben, die die Auseinandersetzung mit dem Bildgrund zwingend machen. Eine Aufgabe, die eine sich tarnende Figur zum Inhalt hat, macht die Auseinandersetzung mit Nachbarschaftsfarben und Bildgrund erforderlich.
Produktnamen, wie zum Beispiel Nutella, Coca Cola, Hanuta, treten auf Etiketten, Verpackungen, Reklameseiten hervor und springen werbewirksam ins Auge, weil Form und Farbe des Namenszugs mit den Farben des Untergrundes kontrastieren. Wird nun ein Etikett oder ein Teil der Verpackung, der den Produktnamen zeigt, in eine Umgebung gesetzt, die ganz ähnliche oder gleiche Formelemente und Farben aufweist, so wird er undeutlich und ist nicht mehr so ohne weiteres auszumachen.

Die Gattung Reklamosaurus

Reklamosaurier entstehen aus einem mit Kopf und Gliedmaßen versehenen Etikett. Damit alle Teile zu dem jeweiligen Saurier passen, werden möglichst ähnliche Farben und Formen, wie sie das Etikett zeigt, zur Gestaltung benutzt. Reklamosaurier treten aus einem Hintergrund deutlich hervor oder verschwinden in ihm, das hängt von der Gestaltung der umgebenden Farbflächen ab. „Hervortreten lassen" bedeutet, für den Hintergrund Farben zu wählen, die mit den Saurierfarben kontrastieren. Das fällt Kindern meist etwas leichter, als für die Gestaltung des Hintergrundes nur die Farben und Formen ihrer Figur zu verwenden. Es ist deshalb wichtig, daß die Kinder auf eine Skala von Farbtönen zurückgreifen können, die nicht erst mühsam und immer aufs Neue passend gemischt werden müssen. Ein geeignetes Farbmaterial mit umfangreicher Farbskala sind Ölpastellkreiden (z.B. Jaxonkreiden). Sie sind von leuchtender Farbigkeit und malerischer Wirkung, lassen sich verschieden auftragen, auch übereinander malen und ineinander reiben.

Das Saurierspiel

Kennst du Reklamosaurier?

Für viele Kinder sind Dinosaurier keine unbekannten Wesen. Sie wissen viel über ihr Aussehen und kennen auch häufig ihre Namen. Sie werden Reklamosaurier interessant und lustig finden und das, was sie schon über Aussehen, Vorkommen der Dinosaurier wissen, zu den Phantasiewesen in Beziehung setzen und sich davon inspirieren lassen.

Eine Sammlung von verschiedenen Etiketten in Klassenstärke und ein kleines Spiel lassen die Reklamosaurier lebendig werden. Die Kinder sitzen im Kreis um den Etikettenstapel herum. Das oberste Etikett wird vom Stapel genommen und das Spiel mit folgenden Worten eröffnet:

„Mein Dino ist ein Nutellosaurus. Er gehört zu den Pflanzenfressern und liebt besonders Nüsse und die Blätter des Schokoladenbaums. Deshalb hat er hohe schlanke Beine und trägt seinen kleinen Kopf sehr hoch. Mit seiner langen Zunge pflückt er die Blätter und schiebt sie sich ins Maul.“

Nach und nach nimmt jedes Kind ein immer wieder anderes Etikett vom Stapel und beschreibt seinen Dino. Wieder am Amfang der Runde angelangt, folgt die Mitteilung:

Nutellosaurus versteckt sich

„Mein Nutellosaurus hatte es satt, von allen angestarrt zu werden und die Kinder 'He, Nutellosaurus, laß uns an dir schlecken!' hinter sich herrufen zu hören. Er ist in ein Land ausgewandert, in dem ihn keiner findet, weil alles in dem Land seine Farben trägt. Alle Wege, Berge, Wiesen, Häuser, Bäume haben seine Farben.“

Bringt eure Saurier ins Land ihrer Farben und Formen

Die Kinder kleben ihr Etikett mitten auf ein Zeichenblatt im Format DIN-A2 oder DIN-A3 und verwandeln das Etikett mit den passenden Farben in ihren Dino. Anschließend wird der verbleibende Bildgrund mit Farbformen, die sich vielleicht als Bäume, Berge, Wege deuten lassen, gefüllt. Dabei kann es sich ergeben, daß Gras blau ist, ein See rot oder der Himmel grün. Das macht nichts, denn im Land der Reklamosaurier ist alles möglich (Farbtafel IV, 2).

Wo steckt denn deiner?

Die gemeinsame Betrachtung der Bilder macht ersichtlich, daß die Saurier dort am besten getarnt sind, wo im Hintergrund nicht nur die gleichen Farben verwendet wurden, sondern auch ähnliche Formen.

Was gibt es sonst noch?

Besonders rasch arbeitende Kinder können versuchen, einen weiteren Reklamosaurier zu erfinden, der sich aber nicht verstecken möchte, sondern sich in seiner ganzen Pracht zeigen will.

Zeitrahmen: 2-3 Stunden
Material: Verschiedene Etiketten von Markenartikeln oder Reklameausschnitte in Klassenstärke, Zeichenpapier im Format Din-A2/3, Klebstoff, Ölpastellkreiden in möglichst umfangreicher Farbskala

Malen wie die Aboriginees – Farben selbst herstellen (Kl. 4)

Sibylle Hirth-Schaudt

Worum geht es?

Was wissen wir über Farbmittel und Malmaterialien

Wenn wir uns in den Schuljahren 1 bis 4 mit Farbe beschäftigen, so wenden wir uns zum einen maltechnischen Fertigkeiten und Verfahren zu, zum anderen geht es um die sinnliche Wirkung und Aussage von Farben, um eine immer differenziertere Farbwahrnehmung. Kinder erfahren Farbe in ihrer Umwelt als Gegenstandsfarbe (Erscheinungsfarbe) oder eben als farbige Substanz, mit der man malen und färben kann. Sie hantieren mit flüssiger, pastoser, pulvriger und körniger Farbmaterie, zunächst ohne zu hinterfragen, wo diese herkommt, wie sie entsteht. Hinzu kommen beiläufig gemachte Erfahrungen, z. B. daß die eine Farbe mit Wasser angelöst werden kann, die andere nicht, daß manche Farben mit der Zeit blasser werden, daß Färbemittel sehr penetrant auch die Haut färben, daß Schminkfarben mit Vaseline entfernt werden können, daß in Farbflüssigkeiten nach einiger Zeit die Farbsubstanz nach unten absinkt, dies bei Tinte aber nicht passiert, daß Tusche „klebt" und vieles mehr. So entsteht bruchstückhaftes Wissen um die „Geheimnisse" von Farbmitteln, erste Einblicke in Maltechniken und Gesetzmäßigkeiten. Hinzu kommen über die Medien vermittelte Kenntnisse von der Herkunft der Farben aus Beispielen prähistorischer Höhlenmalereien.
Die elementare Zugriffsweise primitiver Kulturen auf die von ihnen vorgefundene Umwelt, ihr explorierender und handlungsorientierter Umgang mit der Natur scheint ein kindgemäßer Anknüpfungspunkt zu sein. Wir wollen auf den Spuren heutiger Naturvölker auf Entdeckungsreise gehen, unsere Malmaterialien selbst herstellen, um damit in einfacher Bildersprache etwas mitzuteilen.

Auf der Suche nach Dingen, die etwas von ihrer Farbe abgeben …

Partnerarbeit ist angesagt in der Steinzeitfarbenfabrik

Eine schweißtreibende Arbeit für ein paar Gramm kostbaren Farbpulvers!

Auf Entdeckungsreise in das Reich der Farben

Ein Heidelbeerfleck auf dem Hemd, Rotwein auf dem Tischtuch oder ein Klecks Tomatensoße auf der weißen Hose. Häufig sind es unerfreuliche Erfahrungen, wenn Dinge aus unserer Alltagswelt von ihrer Farbe etwas abgeben. Dabei sollten wir das einmal unter positiven Vorzeichen sehen.

Für die Kinder lautet die Aufgabe so: Schaut euch aufmerksam in eurer Lebenswelt um und sucht nach Dingen, aus denen „kostbare" Farbe gewonnen werden kann. Probiert aus, wie ihr das schafft!

Über einen Zeitraum von ca. 14 Tagen sammeln die Kinder selbsthergestellte Farbproben auf Papierstücken und Stoffstreifen. Diese werden zu einem Riesenpuzzlebild auf großen schwarzen Photokarton geklebt. Es entstehen vor allem zarte Färbungen von abgeriebenen Pflanzen oder Früchten, auch aus gekochter Farbbrühe entstandene Farbproben auf Stoff. Manchmal kommen überraschende Ergebnisse zustande, so das leuchtende aus Safran gewonnene Gelb, das alles übertrifft oder rußgeschwärzte Pappe, mit einem unübertroffenen Tiefschwarz, das zur Freude der Kinder mit Fingern und Pinseln vermalt werden kann.

Die Geschichte der Farben beginnt bei den Naturvölkern

In einer Phase des Nachdenkens zur Sammelaktion lassen sich sehr schön vergleichende Überlegungen anstellen. Wie mußte es den Naturvölkern ergangen sein, die ohne „Farben in der Tube" dennoch den Wunsch und das Bedürfnis hatten, mit farbigen Mitteln Flächen zu gestalten.

Als die Farben erfunden wurden...

Die primitivsten Pigmente (kleinste Farbkörperchen) waren schon in der Eiszeit bekannt. Die prähistorischen Menschen benutzten solche aus Erde und Steinen gewonnenen Erdfarben als Farbbrei, der mit Fingern auf Felswänden vermalt wurde. Daß sie bis heute erhalten sind, verdanken wir der aufgrund von Feuchtigkeit fortschreitenden Versinterung der Wände durch austretenden Kalk. Ähnlich primitive Farbstoffe (gelöst in Flüssigkeit) wurden aus Tieren und Pflanzen gewonnen und vor allem zum Färben verwendet. Verbrennungsrückstände wie Holzkohlen und Ruß, sind organische Farbmittel, mit denen intensive Schwarztöne erreicht werden.

Farben selbst herstellen

Wenn Grundschüler von Anfang an nur mit gekaufter Fertigware zu tun haben, entgeht ihnen das elementare Erlebnis dessen, was Farbe ist.

Farbige Pulver, feinstvermahlen sind die Basis, mit der pastose, zum Malen geeignete Farbmasse hergestellt wird. Solchen prozeßorientierten und handlungsintensiven Zugang zur Farbengewinnung, wollen wir mit Kindern ausprobieren.

Wir sammeln roten, braunen, gelben Ziegelbruch, Tonscherben, Ytongbruch, Fliesenreste, alles kostenlos im Baumarkt zu bekommen. Die Kinder bringen Graberde, Holzkohle, Schieferbruch und ungebrannten Lehm mit. Wir arbeiten im Freien an einer Ecke des Schulhofs, wo der Teerbelag eine möglichst feinporige Reibefläche bildet.

Alle farbigen Substanzen werden mit handlichen Pflastersteinen zerkleinert, und zu möglichst feinem Farbpulver vermahlen. Dieses wird mit Pinseln oder Bürsten auf Pappe gekehrt, durch Teesiebe gerieben und endlich in Gläser abgefüllt.

Als Belohnung für soviel Eifer läßt sich das Angebot ergänzen. Im Fachhandel erhält man fertige Pulverpigmente, z. B. Kreide aus der Champagne, Ocker aus Steinbrüchen in Südfrankreich, ein bißchen gebrannte Sienaerde …

Malen wie die Aboriginees

„Wir brauchen nicht zu den Steinzeitmenschen zurückzugehen, denn es gibt auch heutzutage noch Naturvölker, die in gleicher Weise mit Farben umgehen. Bei ihnen wollen wir in die Lehre gehen, ehe wir mit unseren Farben malen."

Soviel Farben wie Finger an der Hand

Warme Gelb-Rot-Braun-Töne aus Ockererden, Holzkohlenschwarz, Kalkweiß

Einige Bilder aus dem Museum bringen uns die Kultur der Aboriginees aus dem Norden Australiens näher. Es ist noch gar nicht lange her, als man entdeckte, wie großartig diese Naturmenschen mit selbstgemachten Farben malen. Wenn wir einmal bloß die Farben betrachten, fällt auf, daß ihre Farbauswahl auf wenige Farbtöne beschränkt ist. Die Farben werden ungemischt aufgetragen. Allerdings sind die Aboriginees sehr findig: statt wie früher auf Felsen zu malen, benutzen sie einen kostenlosen, transportablen Malgrund: von Eukalyptusbäumen abgeschälte Rindenstücke. Die Farben werden mit dem Pflanzensaft einer Baumorchidee angerührt, welcher sie haltbar und wischfest macht.

In ihren Bildern erzählen sie uns Geschichten

Wir erfahren von der Jagd, von der dortigen Landschaft, den Jahreszeiten und Lebensgewohnheiten, von Tieren und Pflanzen in Wüste und Savanne und natürlich von ihrem Brauchtum und Geisterglauben (Farbtafel V, 1).

Die Bildbetrachtung zu diesem Zeitpunkt hat drei Funktionen: zum ersten widmen wir uns der Wirkung der konsequent eingehaltenen Naturtonskala, die ungemischt nebeneinandergesetzt und kontrastierend verwendet wird.

Zum zweiten interessiert uns die eigenwillige, fast grafisch anmutende Flächengestaltung: mit Konturen umrahmte Figuren, manche Flächen monochrom eingefärbt und häufig durch Strichmuster und Punkte dekorativ übermalt.

Als letztes sind natürlich auch die Darstellungen und Motive von Bedeutung, weil sie die Nähe zur kindlichen Bilderwelt repräsentieren. Es sind narrative Bilder, die „Geschichten erzählen", in verschiedenen Bildebenen dargestellt, mit Röntgenblick in die Wesen hineinschauen und mit unterschiedlichen Proportionen Wichtiges hervorheben.

Das kann die Eigenproduktion der Kinder beflügeln und anregen. Es soll ihnen ermöglichen, sich gegenständlichen Motiven zuzuwenden oder ihren Bildgrund mit Ornamenten und Mustern zu gestalten wie die Aboriginees.

Malen mit selbsthergestellten Erdfarben

Es sind drei Grundfaktoren der Maltechnik zu beachten: Zum Malen braucht man einen Malgrund, verschiedene Farbmittel, das sind unsere angeriebenen Farbpülverchen, und natürlich etwas zum „Anbinden von Farbteilchen", ein Bindemittel, mit dem sich farbiges „Mehl" zu einem Farbenbrei anrühren läßt.

Als Malgrund läßt sich vieles verwenden: alte Dachziegel (Farbtafel VI, 1), Schieferbruch, Rindenstücke, Borke, Lederreste, Sackleinen oder Stücke von Strukturtapete.

Die farbigen Pulver mit Quark, Buttermilch, Kleister oder Farbenleim angerührt, ergeben eine dickflüssige Masse, die mit Wasser verdünnt werden kann. Dabei muß immer wieder aufgerührt werden, weil die Farbpigmente sich allzuschnell absetzen. Auch machen wir die Erfahrung, daß nicht jedes Malgerät geeignet ist, was die Frage aufwirft, wie wohl die Aboriginees ihre feinen Striche und Punkte gemacht haben. Vielleicht mit eingetauchten Federkielen und Holzstäbchen?

Beim Malen stellen wir Gruppen mit je vier Kindern zusammen, die aus ihrer Partnerarbeit genügend Malmittel vorbereitet haben und jeweils verschiedene Bindemittel ausprobieren können.

Von Eitemperaherstellung ist abzuraten, da die mit Ei gebundenen Farben sehr penetrant riechen und schnell verderben.

Zeitrahmen: Vorhaben über mehrere Doppelstunden (ca. 6–8 Stunden), auch im Rahmen einer Projektwoche durchführbar

Material: Farbstoffe aus der Natur für Farbproben, Erdproben (Lehmböden, Ackererde, Moor) trocknen und zermahlen, gebrannte Tone (Kachelbruch, Ziegelsteine) zerschlagen und zu Pulver vermahlen, dazu Pflastersteine, Teesiebe, Schraubgläser, verschiedene Bindemittel (Quark, Buttermilch, Mehlbrei, Pflanzenleim, Kleister). Selbstgebastelte Malwerkzeuge

Literatur: Es ist wünschenswert, den kulturgeschichtlichen Hintergrund und die Volkskunst der Naturvölker einzubeziehen.

Grotte Chauvet. Altsteinzeitliche Höhlenkunst im Tal der Ardeche, Sigmaringen 1995;

Die Farben Afrikas, Buch zur gleichnamigen Ausstellung im Lindenmuseum Stuttgart, 1994;

Heermann/Menter: Gemalte Land, Kunst der Aboriginees aus Arnhemland, Australien, 1994

Allerlei Quasselköpfe (Kl. 3/4)

Hermann Burkhardt

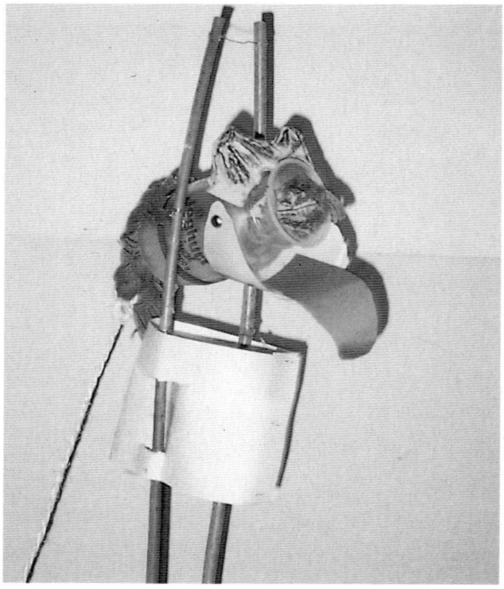

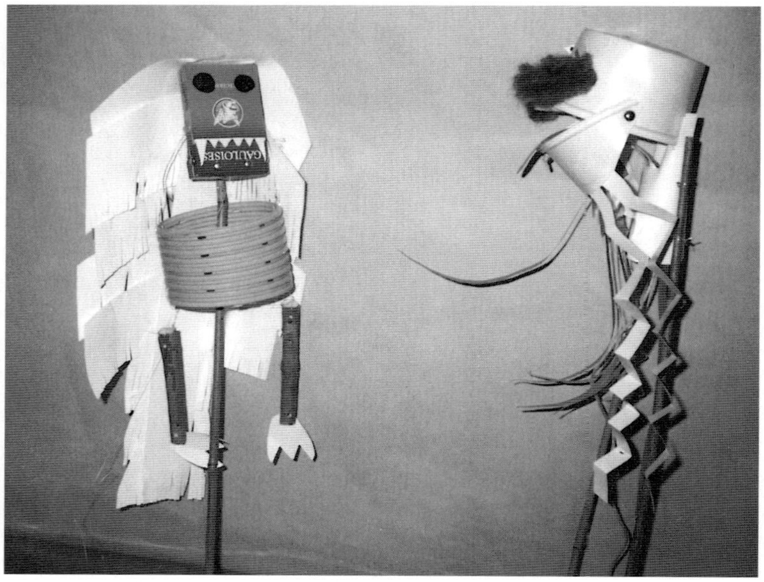

Worum geht es?

Spielerisches Ausprobieren neuer Verwendungsmöglichkeiten von Formteilen

Schon Vorschulkinder suchen die unterschiedlichsten plastisch-körperhaften Gegenstände und Materialien für ihr gestalthaftes Bauen zusammen. Dies entspringt der Neigung von Kindern und Jugendlichen, solche heterogenen Formteile zu sammeln und zu überlegen, was sie bedeuten könnten und wozu man sie brauchen könnte. Bei den Dritt- und Viertkläßlern kommt nun eine zunehmende handwerkliche Geschicklichkeit im Verbinden und Montieren verschiedenster Materialien und Werkstoffe hinzu.

Ein „Klappmaul" als Sprechpuppe

Die Aufgabe, eine bewegliche Stabpuppe aus einzelnen Teilen herzustellen, lenkt die Aufmerksamkeit der Kinder auf die anthropomorphe Umdeutung gefundener Gegenstände und zugleich auf Möglichkeiten, diese als eine mechanisch bewegte Plastik zusammenzumontieren.

Ein „Quasselkopf" mit Klappmaul

Das motivische Reizwort „Quasselköpfe" kann entsprechende Vorstellungen einer grotesk vergrößerten Mundpartie (Unterkiefer, Lippen, Zähne, Zunge) und somit zu einer „Klappmaulfigur" vermitteln. Ein solches bewegliches Klappmaul legt natürlich den Auftritt als Sprechpuppe in einem dialogischen Figurenspiel für die Kinder nahe. Eine Erweiterung ihrer Spielfunktion ergibt sich, wenn die Stabpuppe darüber hinaus als Klangfigur angelegt wird, d. h. wenn sie mit ihren Bewegungen zugleich auch raschelnde, klappernde, scheppernde Geräusche von sich zu geben vermag.

Die Stabpuppe als Klangfigur

So enthält z. B. der aus einem Joghurtfläschchen entstandene „Nickkopf" in seinem Plastikschädel eine Füllung aus Kieselsteinchen; der „Zigarettenvampir" vermag mit seiner weißen Rückenmähne zu rascheln und im hohlen Kopf seines Partners befindet sich eine als Klöppel aufgehängte Schraubenmutter.

Gesucht: Allerlei Gegenstände als Hohlkörper

Gezielt Brauchbares finden und sammeln

In der Woche vorher sollen allerlei kleine Hohlkörper (Plastikbecher, Papprollen, Schachteln, Fläschchen u. ä.) und auch Stäbe gesammelt werden, die man für eine am Stab geführte Puppe brauchen könnte. Die Kinder sollen sich dabei auch überlegen, welches Werkzeug für die Bearbeitung nötig werden wird und auch dieses gegebenenfalls mitbringen.

Eine große Klappe riskieren

Was der Breitmaulfrosch quakt

Angesichts des Sammelsuriums verschiedenartiger Gegenstände geht es an ein Überlegen, was davon als Kopf, Bauch, Rumpf dienen könnte. Für Gliedmaßen und Spezialteile liegt biegsamer Karton bereit. Für den Bau recht verschiedenartiger Quasselköpfe könnte die Geschichte vom Breitmaulfrosch, dem das Wort „Konfitüre" ganz und gar nicht über die Lippen will, sondern der nur breitmäulig „Marmelaaade" quaken kann, einen spaßhaften Einstieg in die Problemstellung bieten; natürlich gibt es auch „söhr foine Spützmäulchen".

Das Führen der Stabpuppe

Für das Führen der Stabpuppe wird als Regel aufgestellt: Ein Stab zum Halten der Figur, einer zum Bewegen. Die Kinder erkennen aber sehr bald, daß zum Bewegen der Figur auch ein Schnurzug oder ein elastischer Karton- oder Kunststoffstreifen genügt. Manche klemmen ihren Quasselkopf auch zwischen zwei Stäbe.

Wie das Klappmaul funktioniert

Nachdem einige Kinder ein Klappmaul mittels eines gebogenen Kartonstreifens und zwei Briefbeutelklammern hergestellt haben, versucht es ein Junge mit einem diagonal halbierten Plastikbecher. Beim „Zigarettenvampir" ist das spitzzähnige Klappmaul durch die rote „Gauloise"-Schachtel schon vorgegeben. Ein geschickt gespannter Gummiring läßt den Unterkiefer nach jedem Schnurzug wieder automatisch zuklappen. Aus roten Kartonstreifen entstehen bei vielen Figuren lange Streck- und Schiebezungen. Auch Gliedmaßen und kleinere Spezialteile werden aus Karton oder Papier gefertigt.

Zeitrahmen: Herstellung der Spielfigur etwa 2 Stunden. Kleine dialogische Sprechszenen sollten nicht länger als 2–3 Minuten dauern
Material: Neben mitgebrachten Hohlkörpern aus Plastik, Pappe und ggf. auch Blech oder Glas, Karton, Schnur, Nylonfaden, Blumendraht, Klebeband. Briefbeutelklammern zur Auswahl. Stäbe ca. 50–70 cm aus Bambus, Astholz, Schirmspeichen u. ä.
Werkzeug: Neben groben Scheren, Feinsägen, Handbohrer, Flach- und Lochzange, Tacker und Klebstoff

Versunkene Ruinenstadt (Kl. 4)

Sibylle Hirth-Schaudt

Ein Raumgefüge wird als Modell einer realen oder auch phantastischen Raumsituation geplant

Worum geht es?

Es macht Spaß, den Spuren der Vergangenheit nachzugehen, sich vorzustellen, man wäre der Entdecker einer längst versunkenen Stadt aus dem Altertum. Diese wird vorsichtig ausgegraben und ihre Ruinen freigelegt.

Im Rahmen des Kunstunterrichts ist es von Bedeutung, bei den Kindern innere Bilder zu wecken. Hier geht es um die Vorstellung altertümlicher Bauten, in Resten erhalten, mit Patina versehen, die etwas vom alten Glanz bewahrt haben.

Aus Teilstücken von Schachteln und Kartons, meist Übereckfragmenten, stellen wir durch Reduzieren, Wegnehmen, Verformen und Zerstören „Ruinenelemente" her. Diese werden standfest gemacht und in gedeckter, trüber Farbigkeit übermalt. Im Arbeitsbereich Körper/Raum ist eine solche Aufgabenstellung im Rahmen des Bauens mit variometrischen Elementen zu sehen: jede einzelne Ruine hat für sich gesehen Objektcharakter. Auf den Raum bezogen lassen sich die Teile zu einem verschachtelten Environment einer Ruinenstadt zusammenfügen.

Nicht montieren, sondern demontieren

Demontage als bildnerisches Prinzip

Ein wenig Aggression fördert die Aufgabe zutage, wie sich zeigte, denn die mitgebrachten Kartons (meist stabile Obst- und Gemüsekartonagen) dürfen bzw. müssen mit Anwendung von Gewalt zerstört und verkleinert werden. Man kann produktiv aggressiv damit umgehen, was nach Klärung der Aufgabe eine besondere Dynamik erbringt.

Dieses Vorgehen scheint der Altersstufe auf den Leib geschrieben.

Der Zahn der Zeit nagt und nagt

Eine Ruine, wenn sie erzählen könnte

Die deformierten Schachtelobjekte bestehen meist aus zwei bis drei mehr oder weniger erhaltenen Seitenwänden, oft ohne Dach, Mauerbruchstücke mit Fensterlöchern, Türen, Balkonen, manchmal Fassadenschmuck. Es zeigt sich, daß beim Entwurf der Ruinen auch konkrete, funktionale Gesichtspunkte von Bedeutung sind. Was sind das für Häuser? Welche Häuser braucht eine Stadt?

Farben unter dem Staub von 1000 Jahren

Was ist das: Patina

„Es ist ganz kaputt und doch immer noch edel…"

Im Gespräch über die farbige Wirkung solcher Ausgrabungen kann man z. B. auf Abbildungen von Ruinen römischer Ausgrabungen oder auf Fotos von Venedig zurückgreifen. Die Kinder beschreiben ihre Eindrücke, wobei das besondere Augenmerk auf die im Verfall befindliche, vergängliche Schönheit gerichtet ist. Jetzt gilt es, eine Palette mit Farben zusammenzustellen, die unsere Bauten alt und staubig wirken lassen. Das Trüben von Farben durch Beimischen von Grau oder Beige wird nochmals ins Gedächtnis gerufen. Beim Ausprobieren dieser Farbmischungen ergeben sich die Grundfarben der Ruinen. Weil die Oberflächen danach weitergestaltet werden, ist es sinnvoll, mit Dispersionsfarben (Abtönfarben) zu arbeiten. Je geringer die vorhandene Skala (weiß, schwarz, braun, umbra, ocker), desto zwingender die Notwendigkeit, zu mischen.
Die weitere Oberflächengestaltung gilt dem Ausdifferenzieren der Fassadenreste, der Darstellung von Mauerrissen u. ä. Hier finden die Kinder zu konzentrierter Arbeit am Detail. Nach dem flächigen Farbauftrag wird nun auch flecksetzendes Malen und Drucken mit Schwämmen und Pinseln möglich.

Eine Kulissenstadt entsteht

Das Ganze ist mehr als die Summe seiner Teile

Circa 4 × 4 m Platz reichen aus. Auf dem Boden des Klassenzimmers können die einzelnen Ruinenelemente zu einer Stadt zusammengefügt werden. Es gibt unzählige Variationen, die die Schüler ausprobieren, bis sie sich für eine endgültige Form entscheiden. Dabei läßt sich auch die Grundfläche miteinbeziehen.

Was gibt es sonst noch?

Schachtelelemente (Fragmente von Bauten) sind in vielerlei Arten denkbar. Dabei ergeben sich je nach Motiv phantastische oder reale Environments, vom Bühnenbildentwurf bis hin zur Miniaturkulisse im Kartontheater.
Statt Motive aus der Architektur nachzubilden (Türme, Tore, Brücken u. ä.), können Kartons und Schachteln auch zum Bau von Tierobjekten Verwendung finden.

Zeitrahmen: ca. 2 Doppelstunden
Material: Kartonagen aus dem Einkaufszentrum (vorher sammeln), Klingenmesser (unter Aufsicht), Scheren, Ponal-Holzleim, Dispersionsfarben, mehrere verschieden dicke Pinsel und Eierkartons als Mischpaletten.
Fotografien aus Bildbänden

Zugedeckt und doch zu sehen (Kl. 3/4)

Hilleke Hüttenmeister

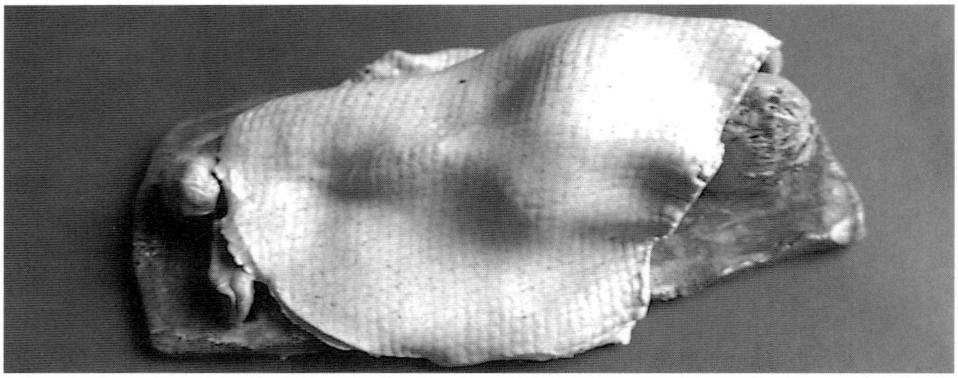

Worum geht es?

Plastische Figuren herstellen und auf einen umgebenden Raum beziehen

Noch lange nach Schuleintritt ist der Zeichengrund für viele Kinder lediglich als Unterlage bedeutsam, auf die gezeichnet wird. Formen und Figuren werden nach innen differenziert, der umgebende Grund spielt keine Rolle. In der Umwelt treten Figuren und Gegenstände jedoch selten isoliert in Erscheinung, sie stehen im Gegenteil meistens in einem mehr oder weniger strukturierten Umfeld. Kinder müssen also lernen, die wechselseitige Beeinflussung von Figuren, Gegenständen und Grund wahrzunehmen und zu beachten. In diesem Zusammenhang sind Figuren und Gegenstände interessant, die eine ausgeprägte Beziehung zu ihrem Umfeld eingehen und von ihm mitdefiniert werden. Ein Beispiel dafür wäre das Verhältnis von Inhalt und Verpackung oder aus dem Bereich der Natur die Tarnungsphänomene.

Leichter, als auf der verhältnismäßig abstrakten Ebene der Zeichnung, können erste bewußte Auseinandersetzungen mit dem Figur-Grund-Problem im Arbeitsbereich Plastik angebahnt werden. Kinder „begreifen" im Umgang mit plastischem Material dieses Gestaltungsproblem besser, weil sie die einzelnen Ebenen zunächst isoliert herstellen, dann einander zuordnen und dabei auftretende Veränderungen beobachten können.

Ein Material, dessen Verformbarkeit, die zielgerichtete Anpassung verschiedener Teile aneinander einfach macht, ist Ton.

Ich kuschle mich unter die Decke

Die leichte Verformbarkeit von Ton bietet die Möglichkeit, das Problem von Körperhaltung und Bewegung in die Gestaltungsaufgabe miteinzubeziehen. Die Darstellung von Figuren in unterschiedlichen Haltungen und Bewegungen bedeutet eine Differenzierung der Bildzeichen nach außen hin. Ausgreifende Formen gliedern zudem den Grund zwangsläufig mit.

„Du hältst die Arme über dem Kopf."
„Du liegst mit dem Gesicht auf deiner Hand."
„Du ziehst die Beine bis unters Kinn."
„Du schläfst auf dem Bauch."
„Es schauen ja nur noch die Haaren heraus."

Die Aufgabe erfordert eine bewußte Darstellung des eigenen Körpers in einer bestimmten, bewegten Position, das heißt, die oft noch starre Form des Bildzeichens für die eigene Person wird neu definiert und weiter differenziert.

Eine Turnmatte als Matratze und eine leichte Decke dienen zum Ausprobieren verschiedener Körperhaltungen beim Kuscheln unter der Decke. Die Kinder legen sich nacheinander auf die Turnmatte und kuscheln sich unter die Decke, dabei beobachten und beschreiben sie gegenseitig ihre Körperhaltung.

Sie stellen fest, daß man trotz Decke genau sehen kann, wo sich die einzelnen Körperabschnitte befinden, weil sie sich unter der Decke abzeichnen.

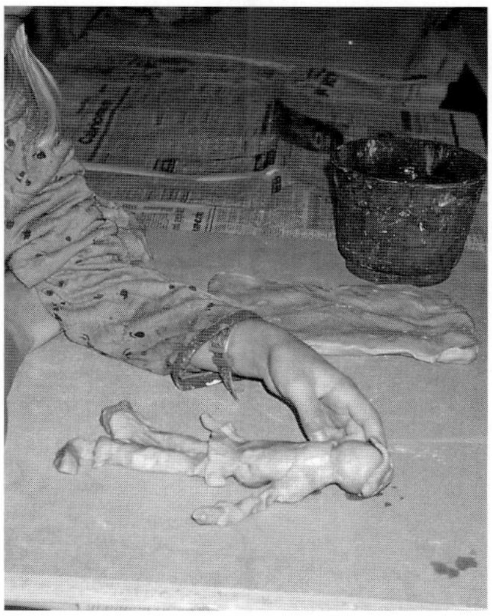
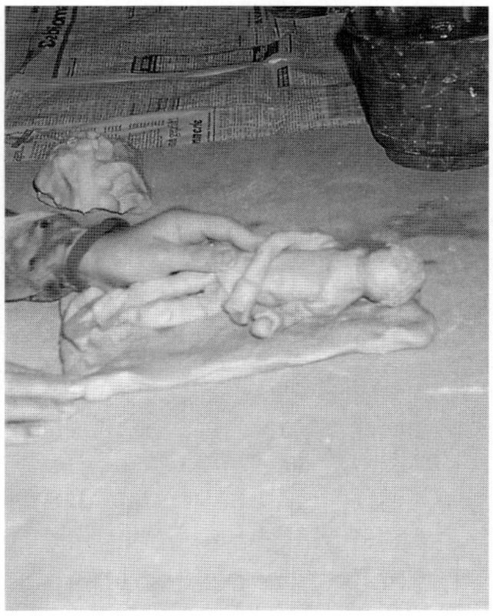

Und nun aus Ton
Die menschliche Figur, etwa 10 bis 12 cm groß, wird aus einzelnen Teilen (Kugel für den Kopf, Walze für den Körper, Schlangen für Arme und Beine) additiv zusammengesetzt. Dabei lernen die Kinder, daß die einzelnen Teile mit Schlicker sorgfältig verbunden werden müssen. Kleine Tonröllchen um Hals, Rumpf, Arm- und Beingelenke gelegt und nach oben verstrichen, deuten Halsausschnitt, Ärmel, Jacke/Hemd, Hosenbeine an, ein kleiner Tonfladen auf dem Kopf, mit dem Schaschlikstäbchen „frisiert", ergibt die Friseur. Auf das Ausarbeiten von Gesichtszügen wird bewußt verzichtet. Auf einer rechteckigen etwa 15 cm langen, 8 cm breiten und 1 cm starken Tonplatte, der „Matratze", wird die Figur in der gewünschten Position zurechtgelegt. Ein 2–3 mm dünn ausgewalzter, und dabei wie Teig öfters gewendeter Tonfladen, wird zur „Decke mit textilem Charakter", wenn ein Stückchen Gardine mit grober Gitterstruktur einmal aufgewalzt und wieder abgezogen wird. Die Tonfigur wird nun in der beabsichtigten Form mit der Tondecke verhüllt, die vorsichtig angedrückt, die Körperformen unter der Decke sichtbar werden läßt. Nach dem Schrühbrand kann eine matte, rohweiße Glasur noch eine Steigerung des plastischen Ausdrucks bieten.

Was gibt es sonst noch?
Unter Decken kuscheln sich nicht nur gerne Menschen, sondern auch Tiere wie Mäuschen, Häschen, Kätzchen, Hündchen und sogar ganz kleine Drachen.
Auf dem Erdboden verstecken sich, vor allem im Herbst, unter dem Laub, Mäuse, Igel, Eidechsen und Eichhörchen. Blätterdecken lassen sich ganz einfach herstellen, indem mehrere echte Blätter auf einen Tonfladen aufgewalzt und mit einem Messer ausgeschnitten werden. Um die Blattstruktur zu erhalten, werden die echten Blätter nicht von den Tonblättern abgezogen, sondern vorsichtig über dem zu versteckenden Tier angehäuft und angedrückt (sie verbrennen beim Schrühbrand). Ist das Tier kompakterer Natur, muß es vor der Befestigung auf der Bodenplatte leicht ausgehöhlt und nach der Befestigung durch die Bodenplatte mehrmals mit einem Schaschlikstäbchen angebohrt werden, um den Austritt eingeschlossener Luft zu gewährleisten.

Zeitrahmen: 15 Minuten für die Kuscheldemonstration, 2 Stunden für die plastische Arbeit
Material: Ton für Aufbaukeramik, Arbeitsplatte, Wellholz, Schaschlikstäbchen, Wasser, Gardinenfetzen

Buntbewegte Träume – Schattenspielfiguren aus farbiger Folie (Kl. 3/4)

Hermann Burkhardt

Worum geht es?

Eine bewegliche Schattenspielfigur in eine Spielhandlung einbringen

Wenn die Schülerinnen und Schüler bereits Erfahrungen mit Schattenspielfiguren aus schwarzem Karton gemacht haben (Anfangsunterricht Kunst, 1./2. Schuljahr „Bewegliche Buchstaben", „Kugler und Kästler"), mit Umrißfiguren in Scheren- oder Linolschnitt („Katze mit Glatze", S. 28), kann jetzt gefragt werden: Wie könnten Schattenspielfiguren bunt erscheinen?
Chinesische oder türkische Schattenspielfiguren, so die den türkischen Kindern vertrauten Spaßvögel „Karagöz und Hadschiwad", können als Anregungen dienen. Sie wurden früher aus durchsichtiger, bemalter Esel- oder Büffelhaut gefertigt. Die heutigen Kunststoffolien wie sie u.a. auf Baumärkten als Fensterersatz angeboten werden, liefern hierfür ein recht brauchbares Grundmaterial.

Durchsichtige Materialien sammeln und aufkleben

Überlegungen der Schülerinnen und Schüler zur farbigen Ausgestaltung führen über farbige Folienstifte auch zum Sammeln von mehr oder weniger transparenten Materialien: Farbfolien, Transparent- oder Seidenpapiere sowie als kontrastierende Strukturen durchbrochene Gewebe (Gardinenstoffe, Spitze), Wollfäden oder feines Drahtgeflecht.

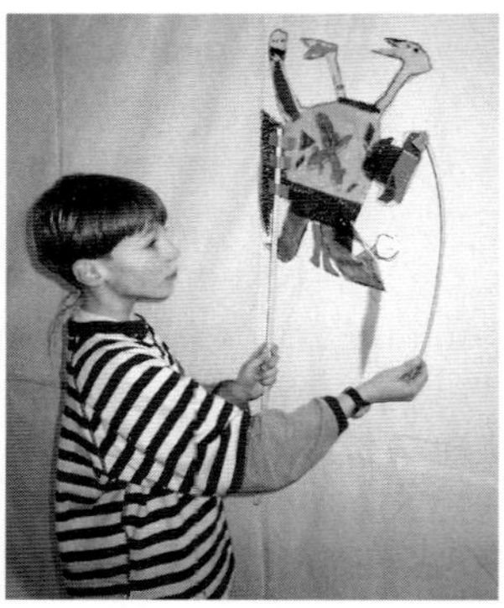

Eine Traumgeschichte als Motiv

Michael Endes Geschichte vom „Traumfresserchen", das die Prinzessin von bösen Träumen befreit, bietet den Kindern einen starken Anreiz, entsprechend phantastische Traumgespenster – bizarre tier-/menschgestaltige Mischwesen – zu erfinden und herzustellen. Da jeweils zwei Kinder gemeinsam eine Figur bauen, wird die Zahl der späteren Akteure an der Schattenspielwand etwas reduziert, so daß alle dort wenigstens einmal im Spiel auftreten können. An die Stelle von Endes Prinzessin tritt ein „Schulmädchen" als passive Heldin. Als ihr tatkräftiger Helfer greift das mit entsprechenden Schnappzähnen ausgestattete Traumfresserchen ein. Alle anderen Traumgeister sind in ihrem Aussehen und dem beweglichen Teilglied – „mit dem, was sie können sollen" - frei gestaltbar.

Die Umrißfigur gewinnt an Farbe und Beweglichkeit

Ausschneiden, bemalen, aufkleben und montieren von Teilen

Die durchsichtige Baumarktfolie läßt sich problemlos auf die zunächst angefertigte, großformatige Umrißzeichnung (Din-A4 – Din-A3) legen, mit Folienstift umreißen und mit der Schere ausschneiden. Eine Demonstration auf dem Overheadprojektor zeigt Möglichkeiten des Einfärbens oder Strukturierens mit bunten Folienstiften sowie einer beklebenden Collage mit Farbfolien und Geweben bzw. einem Auftackern von Drahtgeflecht u.ä.

Wo ein Gelenk sitzen soll

Die Bewegungsmöglichkeiten von Teilen kann anhand von Papierschablonen ausprobiert werden. Mit der Spitze eines Kugelschreibers oder Bleistifts, welche das Teilstück festhält, läßt sich das jeweilige Drehmoment bzw. die beste Bewegungsmöglichkeit feststellen. Hier müssen dann die übereinanderliegenden Teile mit Lochzange oder Bürolocher gelocht und mit Musterbeutelklammern beweglich verbunden werden.

Haltestab und Führungsstab

Anschließend wird der starr angebrachte Haltestab und der bewegliche Führungsstab mit textilem Klebeband in der jeweils günstigsten Position angebracht. Der letztere erhält eine besondere Beweglichkeit, wenn man das wie eine Fahne um die Spitze gewickelte Klebeband bis auf etwa 4-5 mm einschneidet bzw. einkerbt.

Spiel mit beweglichen Figuren

Puppenspieler und Musiker vor und hinter der Bühne

Personen und Puppenspiel kombiniert

Die Geschichte vom Traumfresserchen im Schlummerland gibt den Rahmen für ein etwa 20 minütiges Spiel vor und hinter der großen Schattenspiel-Leinwand mit Musikern und Puppenspielern: Die Klasse macht sich auf die Reise in die weite Welt. In einer dunklen Höhle, wo die Kinder übernachten, taucht das Traumfresserchen auf. Es ist bereit, der von bösen Träumen geplagten Klassenkameradin zu helfen. Dazu wird es von den Kindern mit einem Zauberspruch beschworen. An dieser Stelle setzt nun das traumbunte Figurenspiel ein: Traumgeister mit mehreren Köpfen, Schwänzen und Flügeln drohen mit Krankheit und anderen Plagen. Sie werden schließlich von den spitzen Zähnen des Traumfresserchens gepackt und beseitigt (Farbtafel VI, 2).

Eine Geschichte als Spielanlaß

Eine Figur für eine bestimmte Rolle

Wie bei jeglicher Form des Theaters liegt es nahe, auch beim Figurenspiel von einer Handlung, einer „Geschichte" auszugehen und danach für die jeweiligen Rollen vorgesehenen Spielpuppen anzufertigen. Diese sind damit schon in ihrer künftigen Gestalt und ihren Bewegungsmöglichkeiten vorbestimmt. Hier ist das Auswählen und Kombinieren von Zeichen (Merkmale, Kleidung, ...) von Anfang an auf eine möglichst deutliche „ikonische Aussage" ausgerichtet: Wie sollte die Figur aussehen? Was muß sie können?

Haupt- und Nebenrollen

Bei dem Puppenspiel normalerweise begrenzten Spielraum bzw. der Spielfläche empfiehlt es sich, die Zahl der Handlungsträger bzw. der gleichzeitig auf der Bühne agierenden Figuren auf 2–4 zu beschränken (Held, Widersache, Helfer).
Da in einer Schulklasse verständlicherweise jedes Kind seine Figur mitspielen lassen möchte, sind eingestreute Szenen besonders geeignet, in denen eine ganze Figurengruppe gewissermaßen als Chor auftritt. Möglich ist auch ein kurzer Auftritt in Reihenfolge. Beim „Traumfresserchen" sind es die bösen Träume, die einzeln, hintereinander auf die Hauptperson losgehen.

Der Erzähler im Figurentheater

Musik und Klangillustrationen

Viele Figurenspiele kommen ohne dialogische Sprechtexte aus und begnügen sich mit untermalender Musik und Geräuschen. Hier ist dann der Platz für einen kommentierenden Erzähler, wobei die Kinder den Text ihrer Geschichte meist sehr gerne selbst verfassen. Zur musikalischen und sprachlichen Begleitung bieten sich für Held, Widersacher und Helfer entsprechend kontrastierende Leitmotive/-melodien an. Für Gruppenauftritte sind Sprechchöre (Zaubersprüche, Beschwörungsformel u.ä.), Geräuschcluster, Lieder und kleine Musikstücke geeignet. Bei einer vorgegebenen Spielhandlung gibt es nicht zuletzt illustrierende Hörbeispiele von Programmusik, aus Oper und Ballett, aber auch aus Popmusik und Jazz.

Erarbeiten einer Partitur

Bei einer komplexeren Spielhandlung empfiehlt es sich, zusammen mit den Kindern eine Art Partitur zu erarbeiten in der Text, Bild, Musik und Instrumente, sowie Bewegungsabläufe nebeneinander notiert sind.

Von der Figur zur Spielhandlung

Ein Spielanlaß kann auch von einer Spielfigur ausgehen und zum Erfinden einer Geschichte führen.

Zeitrahmen: Herstellung der Spielfigur und erste Spielversuche etwa 3 Stunden
Material: Baumarktfolie, Farbfolien, durchbrochene Gewebe, Folienstifte.
Ca. 60–80 cm lange Führungsstäbe. Musterbeutelklammern, Klebeband, Schere, Bürolocher, Lochzange, Tacker
Literatur: Burkhardt, Hermann: Figurentheater und Schattenspiel, Tübingen 1987
Ende, Michael: Das Traumfresserchen, Stuttgart 1978

Miró und Co (Kl. 3/4)

Hilleke Hüttenmeister

Spielerisches Ausprobieren neuer Verwendungsmöglichkeiten von Formteilen

Worum geht es?

Der umgedrehte Tisch wird zum Schiff, der Stock zum Säbel, die Tischdecke zum Königsmantel. Es entspricht einem Urspielbedürfnis der Kinder, Gegenstände ihrer Umwelt umzufunktionieren und sie im Spiel neuen Bestimmungen zuzuführen. Von sich aus können Kinder alles brauchen, haben für jedes Material Verwendung und sind neugierig darauf, die Funktion von Dingen zu erkunden und ihre Eigenschaften für ihre Zwecke zu nutzen.

Im Zeichen eines Riesenangebots an Spielzeug, dessen Verwendung festgelegt ist, und der Tendenz, kaputte Alltagsgegenstände möglichst umgehend zu entsorgen und nicht unter dem Gesichtspunkt zu sammeln, daß man sie vielleicht noch einmal brauchen könnte, haben es heute viele Kinder schwer, die für sie so wichtigen Erfahrungen im spielerischen Umgang mit Materialien und Dingen zu machen. Es ist aber wichtig, daß in den Kindern angelegte Potential nicht verkümmern zu lassen, sondern es durch entsprechende Aufgaben im Kunstunterricht zur Entfaltung zu bringen.

So hat es Miró gemacht

Joan Miró (1893-1983) hat in seinem plastischen Werk vielfach Alltagsgegenstände und Fundstücke miteinander kombiniert. Seine Objekte vereinen Kontraste ganz verschiedener Materialien und wirken so überraschend und springen ins Auge. Kinder spricht das Spielerische in Mirós Arbeiten an, deshalb gehen sie mit großem Interesse und Spaß an die Betrachtung seiner plastischen Werke, um herauszufinden, was er da so alles verarbeitet hat. Zwei bekannte Objekte von Miró, die besonders verspielt und fröhlich wirken, sind geeignet, Kinder zum kreativen Umgang mit plastischem Material zu animieren.

„Figur“ (1967) und „Liebkosung eines Vogels“. In beiden Werken werden Dinge neu und ungewöhnlich miteinander kombiniert.

„Figur" – „Die Liebkosung eines Vogels"

Eine Heugabel, ein Deckel, eine Dose auf drei Beine gestellt, ergeben eine Person. Ein Kreissegment mit Loch, ein Schildkrötenpanzer auf ein längliches Eisenstück montiert, ein Stohhut mit Augen, gekrönt von einem kleinen Vogel, erinnern an eine elegante Dame mit keckem Hut und Pellerine.
Dabei ist Mirós Vorgehen nicht handwerklich. Es werden Dinge miteinander verbunden, denen man eine Verbindung nicht zutraut, Mißverhältnisse in der Balance lassen ein Zusammenstürzen befürchten, aber alles hält gegen jede Logik.
Miró hat seine Montageplastiken in Bronze gießen lassen. Diese Vorgehensweise stabilisiert die Formteile und vertieft ihre Beziehung zueinander.
Unter einer dicken Schicht leuchtender Farben verliert die Bronze aber viel von ihrem feierlichen Ernst. Wenige klare Farben, Gelb, Rot, Blau, Grün und Schwarz gliedern die Figuren, verleihen den Formen Ausdruck, verwandeln plastische Teile in Augen, Nase, Mund und lassen sprechende Gesichter mit naiv groteskem Ausdruck entstehen.

Ein Flohmarkt für Miró

Sammeln, Sichten, Ausstellen, Kombinieren

Nachdem die Kinder eine oder auch beide Miró-Figuren betrachtet und festgestellt haben, was Miró dazu alles verwendet hat, bietet sich eine Sammlung von Gegenständen und Materialien an, aus denen sich Gefährten für die Miró-Figuren bauen lassen. In den folgenden Tagen schauen sich die Kinder deshalb zu Hause um, welche entbehrlichen Dinge, die auf den nächsten Sperrmüll warten, sie zu einem Flohmarkt beisteuern können. Damit sich Gestaltungsvorstellungen entwickeln können, sollte das gesammelte Material im Klassenzimmer präsent sein. Beim Sichten des Angebots entwickeln sich Vorstellungen von Kombinationsmöglichkeiten. In den Köpfen der Kinder laufen dann ähnliche Prozesse ab wie bei Miró, ihre Figuren nehmen Gestalt an und werden lebendig.

Figuren montieren

Du fragst, wie man „das mit dem" zusammenbringt?

Wenn Kinder eine gewisse Vorstellungen von ihren Figur entwickelt haben, fehlt ihnen meist noch die Vorstellung, wie ihre gesammelten Gegenstände sich zur Figur zusammenfügen lassen.
Da ist technische Erfindungsgabe gefordert und ein Angebot an einfachen Werkzeugen wie Hämmer, Zangen, Drahtschere, Bohrer und Verbindungsmaterialien wie Nägel, Draht, Schnüre, Klebeband, Klebstoff. Sogar ein mit Sand gefülltes Gefäß, in das man etwas hineinstecken kann, z.B. den Stiel einer Bratpfanne, kann ein Verbindungsmittel sein.

Brilli Lilli Lampenschirm und Blaupfännchen

So schau mich doch mal an!

Mit klaren, gut deckenden Farben (Dispersionsfarben, Plakafarben, Schultemprafarben) können einzelne Teile der Figur hervorgehoben und akzentuiert werden, z.B. Augen, Mund, Nase. Eine völlige Bemalung ist nicht immer notwendig, da auch die Eigenfarbigkeit mancher Gegenstände in die Komposition miteinbezogen werden kann.

Zeitrahmen: Für die Montage: Ein Schulvormittag mit 4–5 Stunden
Literatur: Barth/Grass/Hüttenmeister/Scholler: Meisterwerke für die Grundschule, Villingen-Schwenningen 1995

Tor nach Phantásien (Wandgestaltung) (Kl. 3/4)

Sibylle Hirth-Schaudt

Worum geht es?

Fast in jedem Schulhaus befinden sich Wandmalereien, die mit und von Kindern gestaltet wurden. Oft sind es vergrößerte Entwürfe, die wenig gestalterischen Spielraum und Spontaneität zulassen.

Malprozesse werden durch verschiedene farbige Gestaltungstechniken erweitert und ergänzt. Hausfassaden, Materialbilder und Reliefs farbig gestalten

Wir entscheiden uns für eine Vorgehensweise, bei der direkt auf der Wandfläche additiv gearbeitet werden kann. Wo dies nicht möglich ist, können Platten aus Weich- oder Hartfaser bzw. Sperrholzplatten angebracht werden. Der Reiz, einem vertikalen Malgrund gegenüberzustehen, dessen Dimension die üblichen Arbeitsflächen weit übersteigt, kann die kindliche Phantasie anregen und zu originellen Gestaltungsideen führen. Ausgehend vom vorgegebenen Torbogen versteht sich auch die große Offenheit des Motivs, das neben Farbe auch Relief und Materialbild miteinbezieht. Die Reliefs bestehen aus daumendicken Zeitungspapierschläuchen und Kleister, mit denen ornamentale Formen und Bilder konturiert werden. Farbe und Materialien sind sodann dekorative Mittel, um eine phantastisch märchenhafte Wirkung zu erzielen.

Tor nach Phantásien

Am besten plant man solche Vorhaben im Rahmen einer freiwilligen Arbeitsgemeinschaft an schulfreien Nachmittagen mit ca. 12 Kindern.

Vor leeren Wänden träumen

Wir beginnen mit einer Ideensammlung und sitzen im Halbkreis vor der leeren Wand und überlegen, wie die beiden Torbogen gestaltet werden könnten. Dabei lassen wir uns durch die Abbildung eines orientalischen Stadttors mit Kacheldekor und zauberhaften, farblich fein abgestimmten Reliefmotiven einstimmen. Wie ließen sich die Wände nicht bloß „malerisch" (farbig) bearbeiten? Woraus können Reliefs hergestellt werden?

Formen und Plastizieren mit Kleister und Zeitung
Die Kinder werden eingeführt in die Technik des Plastizierens mit gekleistertem Papier. Jeweils 3 bis 4 Doppelblätter Zeitung werden im Querformat schichtweise aufeinandergeleimt. Sodann wird die Papierfläche von oben und unten gerafft, in der Mitte zusammengeschoben und ein möglichst runder Schlauch geformt.
Man zieht diesen mehrmals durch die hohle Hand, um die Oberfläche zu glätten und überflüssigen Leim zu entfernen. Die geschmeidigen Schläuche sind etwa gleich dick und gleich lang, können beliebig aneinandergefügt und ausgeformt werden und trocknen steinhart. Entweder läßt man die Formen vortrocknen (auf Plastikfolie auslegen) oder man klebt sie gleich im nassen Zustand auf die Wandfläche. Es entstehen dabei skripturale Ornamente, florale Muster, Spiralen, die in der Regel aus zwei bis drei Schläuchen bestehen.
Die abstrakten Formelemente werden von den Kindern völlig selbständig aneinandergefügt und organisch um den Torbogen arrangiert. Das nun entstandene Form-Grundgefüge wird später malerisch ausgestaltet.

Fantastische Architektur
Es ergibt sich von selbst, daß die Kinder bald auch Figürliches abzubilden beginnen und Konturen von Türmen, Toren, Häusern formen.
Die übrigen Wandflächen sollen einen „Blick nach Phantásien“ freigeben. Dabei lassen sich im Sinne eines Materialbildes viele Materialien einbeziehen (Spiegelscherben, Glasperlen, Muscheln, Spielzeug u. ä.).

Wir zaubern Hundertwasserhäuser

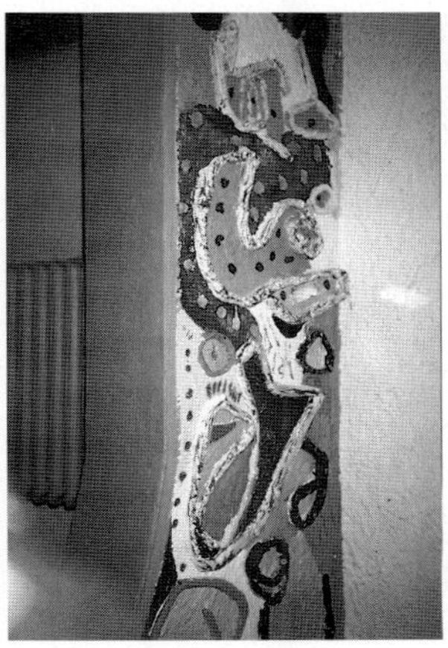

Farbe als Mittel der Formsteigerung
Bei der farbigen Bemalung gehen wir von der für die Torbogen entwickelten Farbskala aus, das heißt wir entscheiden uns für eine harmonische Farbtonskala (z.B. blau/violett), bei der sich Grundflächen und plastische Elemente kontrastierend unterscheiden sollen. Auf den restlichen Wandflächen gestalten die Kinder frei mit erweiterter Farbskala, was man ihnen unbedingt zutrauen sollte. Mit Gold und Silber werden schmückende Akzente gesetzt (Farbtafel VII, 1-2).

Was gibt es sonst noch?
Mit dieser Art der Technik erhalten wir zunächst über die Reliefgestaltung eine additiv entstandene Komposition aus halbplastischen Formen. Das können Pflanzenmotive (Wald, Urwald), Unterwassermotive, Tiere, Buchstaben, Zahlen oder abstrakte Formen sein. Erst im zweiten Schritt wird mit farbigen Mitteln formdeutend weitergestaltet. Bei dieser Methode sind die Kinder nicht bloß Ausführende eines Plans, sondern in jeder Phase eigenschöpferisch Handelnde.

Zeitrahmen: Je nach den örtlichen Gegebenheiten etwa 10 Nachmittage mit 2–3 Stunden
Material: 2 Eimer (8–10 l) Kleister (einen Tag vorher anrühren), Zeitungen, Abdeckfolien, Universalkleber (5–8 l), Kammspachtel (kann man selbst herstellen), Dispersionsfarbe (1 l), genügend Weiß und Schwarz bereit halten zum Aufhellen und Abdunkeln.
Mischpaletten aus Eierkartons, dicke Malerpinsel verschiedener Stärke, Borstenpinsel (10/12), Plaka Gold, gesammelte Materialien (alte Bilderrahmenteile, Spiegelscherben, farbiges Glas, Muscheln, Knöpfe, ...)

Als die Spinnen ins Land der Leitern kamen (Kl. 3/4)

Hilleke Hüttenmeister

Worum geht es?

Experimentelles Erproben von Raumwirkungen

Kinder bewegen sich in den vertrauten Räumen von Haus und Schule, ohne ihre Dimensionen bewußt wahrzunehmen. Untersuchungen der Psychologen Piaget und Inhelder haben gezeigt, daß Wahrnehmung, Vorstellung und Darstellung von Räumen Kindern nur möglich ist, wenn sie zuvor handelnd damit umgegangen sind. Handelnd bedeutet in diesem Zusammenhang: Das Herstellen körperlicher Beziehungen zur räumlichen Umwelt. Angefangen vom Ertasten, dem Ursprung jeder räumlichen Wahrnehmung, bis zum Begehen von Räumen ist die Körperbewegung der eigentliche Vermittler von Räumlichkeit.

Viele Kinder haben im häuslichen Bereich wenig Gelegenheit, die Räume ihrer Umgebung selbständig zu verändern, Bewegungsmöglichkeiten im veränderten Raum zu erproben und so Raumdimensionen bewußt neu zu erfahren. So werden die sensomotorischen Fähigkeiten mancher Kinder nicht genügend entwickelt, sie haben im ungünstigsten Fall schließlich Schwierigkeiten räumlich zu denken und Räume darzustellen und mit Aufgaben aus dem Bereich der Geometrie zurechtzukommen. Die Entwicklung sensomotorischer Fähigkeiten verlangt Gestaltungsaufgaben, bei denen im Umgang mit einem raumverändernden Material die Erfahrung der eigenen Körperbewegung im Mittelpunkt steht. Das Agieren im Raum und das Herstellen von raumverändernden Objekten erfordert eine Eigentätigkeit, die im affektiven Bereich verankert ist. Der nicht greifbare Raum erhält Objektcharakter und wird so sinnlich erlebt.

Einen Raum verspannen

Fäden spannen wie eine Spinne

Fäden kreuz und quer im Raum verspannt, können die reale Raumsituation total verändern und verfremden. Das Kind, das sich mit dem Wollknäuel in der Hand durch den Raum bewegt, erlebt sich als Motor und Steuermann dieser ständigen Raumveränderung und spürt sie zugleich mit seinem ganzen Körper. Je dichter die Fäden gespannt werden, um so mühsamer wird die Fortbewegung. Der Blick in den Raum scheint ausschnitthaft, umsponnene Gegenstände sehen anders und ungewohnt aus, es entstehen Kleinsträume, die zum Verpuppen einladen. Dazu bietet das textile Material noch reizvolle Möglichkeiten, wenn Farbe und Struktur der Fäden in die Gestaltungsabsicht einbezogen werden.

Spielidee und Musik dazu

„Spinnenmusik"

Eine Fadenspannaktion kann durch eine kleine Geschichte eingeleitet werden, die die Phantasie der Kinder beflügelt und sich in ihre Rolle als „Spinne" einfühlen läßt. Zur Geschichte passende meditative Musik läßt die Kinder ruhig werden und untermalt die ganze Aktion. Kleine Pausen in gewissen Abständen dienen dazu, den versponnenen Raum von allen Seiten gemeinsam zu betrachten und als „Gesamtkunstwerk" im Blick zu behalten.

Es müssen nicht nur Leitern sein

Befestigungspunkte sind wichtig

Der Raum, der durch kreuz und quer verspannte Fäden verändert werden soll, muß Anknüpfungspunkte für Fäden bieten. Ideal sind Haken in der Decke und in verschiedenen Höhen in den Wänden, die auch bei anderen Raumaktionen Verwendung finden könnten. Wo dies nicht möglich ist, sind Aluleitern, wie sie sich fast in jedem Haushalt befinden, geeignete Anknüpfungspunkte. Werden solche beweglichen und gleichförmigen Elemente wie Leitern eingesetzt, sollte sich die Spielgeschichte darauf beziehen, denn mehrere im Raum verteilte Leitern sind auch ein raumveränderndes Gestaltungselement. Darüber hinaus bieten sich in Schulen weitere bewegliche Anknüpfungspunkte in Form von Kartenständern, Basketballständern und Turngeräten.

Manche Spinnen mögen es auch bunt

Es ist besonders reizvoll, einen Raum mit Fäden im Farbklang (also Rot-, Grün- oder Blautöne) zu verspannen. Wenn es nicht möglich ist, preiswert verschiedene Garne im Farbklang zu beschaffen, so hilft eine Sammelaktion über längere Zeit um das nötige Material zusammenzutragen. Jedem an der Aktion beteiligten Kind sollten etwa 100 bis 150 Meter Garn zur Verfügung stehen.

Am Tag, an dem die Spinnen ins Land der Leitern kommen

Die Kinder bauen das Land der Leitern auf, indem sie die Leitern im leeren Raum verteilen. Danach sitzen sie im Kreis um eine zugedeckte Kiste mit Wolle.
Es ertönt eine kurze, einführende Musik und folgende Spielgeschichte wird erzählt:
„Die Leitern waren einsam, jede stand für sich, nichts verband sie. Gelegentlich strich der Wind über sie hin und brachte sie zum Klingen. Dann klagten sie leise über ihr trauriges Los. Eines Tages bekamen die Leitern Besuch. Tausende und Abertausende von kleinen Spinnen zogen über sie hin mit ihren Fäden. Sie kletterten unermüdlich die Leitern hinauf und hinunter und woben ihre Netze um sie herum. So manche Spinne schuf sich ihr ganz besonderes Plätzchen zum Verweilen oder als Ausguck."

Während die Musik wieder einsetzt, stehen die Kinder auf, nehmen sich ein Garnknäuel, suchen den ersten Befestigungspunkt und beginnen mit der Raumverspannung (Farbtafel VIII, 1).

Und wohin mit dem Gespinst?

Nach einer Fadenspannaktion bleibt ein Gespinst zurück, das sich zwar nicht mehr entwirren, aber doch noch vielfältig nutzen läßt. Zum Beispiel:
- für eine Fadenspinnaktion im Karton, mit einer Spinne aus Blumendraht,
- zum Sticken und Weben,
- zur Herstellung von Perücken.

Zeitrahmen: Ein Schulvormittag mit 4–5 Stunden
Material: Farbige Garne, Aluhaushaltsleitern

Raumaktionen mit Zeitungen (Kl. 3/4)

Sibylle Hirth-Schaudt

Fächerverbindend: Kunst/TW/ Musik/Deutsch

Worum geht es?
Auf der Suche nach einem geeigneten Material, mit dem sich Impulse und Ideen aus dem Arbeitsbereich Raum in die Praxis umsetzen lassen, erweist sich das Material Zeitung als besonders geeignet. Im Rahmen projektorientierter Vorhaben, ergänzen sich die Arbeitsbereiche Körper/Raum und Spiel/Aktion, wobei sich Aspekte aus Musik, Sport und Deutsch einbeziehen lassen. Die Kinder machen grundlegende Materialerfahrungen, bei denen sie explorierend das Material „Zeitung" auf seine Eigenschaften und Möglichkeiten hin überprüfen.
Daraus ergeben sich spezifische Raumerfahrungen: Räume werden mit allen Sinnen erlebt, die Dimensionen Raum und Zeit prozeßorientiert erfahrbar gemacht. Spielaktionen machen es notwendig, sich mit Partner oder Spielgruppe produktiv auseinanderzusetzen.
Im vorgestellten Beispiel wird ein Klassenzimmer in einen Dschungel verwandelt. Dabei gelingt die Durchdringung von Innen- und Außenraum. Es zeigt sich, daß solche Rauminstallationen ihrer Intention nach auf Spiel und Performance angelegt sind.

Raumaktionen, was ist damit gemeint?
„Bei Raumaktionen werden Räume durch raumgestaltende Spielaktionen verändert." (Lehrplan Baden-Württemberg, 1994)

„Raumgestaltend" meint: durch Einbringen von Objekten und Materialien verwandeln die Kinder einen vorhandenen Raum (Turnhalle, Klassenzimmer, Flur), gestalten ihn um und führen ihn (zeitweise) einer neuen Bestimmung zu.
„Spielaktion" meint: ausgehend vom Aufforderungscharakter der im Raum bereitgestellten Materialien entwickeln die Kinder spontane Spielideen (offene Ausgangssituation) oder sie lassen sich von einem Thema/Motiv anregen zu raumverändernden Aktionen (gelenkte Ausgangssituation).

Recycling einmal anders

Das Material Zeitung
Zeitungen sind kostenlos in Überfülle zu haben und lassen sich problemlos stapeln, lagern und entsorgen. Sie sind leicht, handlich und vielseitig bearbeitbar (knüllen, falten, reißen, rollen), man kann sie anfeuchten, verkleben, verweben, klammern. So gesehen sind sie ein ideales „Objekt" für den Unterricht: nicht bloß als Unterlage zum Malen und Schreiben, sondern als Grundmaterial zur Herstellung von Pappmaché, als Mittel zum Plastizieren, als Ersatzstoff für Textiles, als Baumaterial in Fläche und Raum, als Anlaß für vielfältige Bewegungserfahrungen oder als akustisches Material im Sinne unkonventioneller Klangerzeuger.
Nicht zuletzt kann Zeitung als „Blatt Papier", ganz ohne ihren Inhalt oder durch Einbeziehen des Gedruckten in Wort und Schrift verwertet werden.

Ein Thron für Christo und Jeanne-Claude

Vorbereitung für eine geplante Raumaktion mit Zeitungen (In memoriam an die Verhüllung des Berliner Reichstags Juni 1995)
Es erweist sich als sinnvoll, den Schülerinnen und Schülern Gelegenheit zu geben, sich mit dem zukünftigen Aktionsmaterial anzufreunden. Gemeint sind Vorerfahrungen wie sie in Anfangsunterricht Kunst, 1./2. Schuljahr (S. 76–79) als Etitüden beschrieben werden. Die hier beschriebene Einstimmung – sie dauert eine Doppelstunde – ist gedacht als Schnupperphase, bei der in begrenzter Zeit eine räumlich begrenzte Installation aufgebaut wird. In Gruppen von sechs bis acht Kindern gestalten wir einen Thron aus vorhandenem Mobiliar, der mit Zeitungen verpackt, verhüllt, kaschiert wird. Die zugeteilte Ecke wird als Umraum einbezogen.
Alternative Ideen für ein solches Zeitungsobjekt wären: ein Baldachin für den Märchenerzähler, ein Zelt (Kartenständer), ein Monster aus Stühlen, …
Dabei erhalten die Kinder zum ersten Mal die Gelegenheit, sich mit dem Baumaterial „Zeitung" kreativ auseinanderzusetzen. Sie werden angeleitet, wie damit umzugehen ist und welche Materialien zusätzlich Verwendung finden (Schnüre, Kleister, Klebeband).

Know-how mit Zeitung

Materiale Erfahrungen machen
Das Wichtigste sind handlungsorientierte Experimente, die Fertigkeiten und Geschicklichkeit im Umgang mit Zeitungspapier entwickeln:
- Zeitungen in Streifen reißen (in Laufrichtung der Zeitung geht das leicht).
- Bahnen kleben – mehrere Doppelblätter quer oder längs 2 cm überlappen und mit dicken Pinseln und wenig Kleister ankleben. Diese können noch naß weiterverwertet werden.
- Flächen kleben (3–4 Bahnen verarbeiten).
- Fransen von Hand oder mit der Schneidemaschine schneiden.
- Zeitungen falten und Muster ausschneiden oder perforieren, Fächer, Ziehharmonikas.
- Spiralen aus mehreren Doppelblättern (das ergibt über 10 m lange Spiralen).
- Längsbahnen falten und spiegelsymmetrische Muster ausschneiden.
- Blüten und Gewächse formen.
- Röhren aus diagonal gelegten Zeitungen über Stäbe rollen.
- Geknüllte Papiere wieder glätten (strukturierte Oberfläche).

Eine Rauminstallation braucht Zeit und Raum
Das mag banal klingen, bildet aber die einzige wichtige Grundvoraussetzung, wenn man sich für das kostenlose einfach verarbeitbare Material Zeitung entscheidet. Als Raum dient ein Klassen- oder Ausweichraum, auch ein Stück Flur, der für die Zeit der Aktion (mindestens 2–3 Tage) zur Verfügung steht. Am leichtesten geht es innerhalb einer Projektwoche, bei der die Kinder konstant an der Arbeit bleiben können (pro Tag ca. 3–4 Stunden). Der Raum soll gut belüftbar und zum Schluß

auch verdunkelbar sein. Hilfsmittel sind Schulmöbel, Bockleitern und Haken, an denen von Wand zu Wand oder von der Decke Schnüre verspannt werden können.

Von der Idee zur Durchführung

„Wir verwandeln/verzaubern ein Klassenzimmer in ...“

Z wie zaubern mit Zeitung

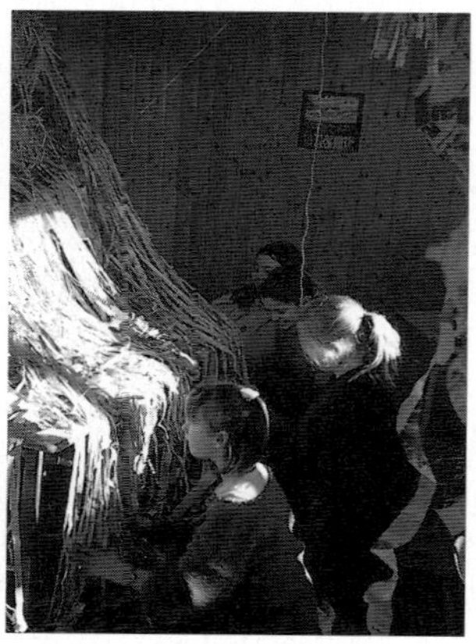

Bevor die Ideensammlung beginnt, wird auf die Einstimmungsphase Bezug genommen und klargestellt, daß nichts mehr von diesem Raum im Originalzustand übrig bleiben soll. Die Kinder machen eine Menge Vorschläge:

- eine Landschaft, Mondlandschaft, auf dem Mars mit Marsbewohnern,
- Höhlen, Gebirge, Urwald,
- Unterwassermärchen,
- Indianerzeltlager, eine Wohnung mit vielen kleinen Zimmern, eine Burg, ein Palast, ...

Bei vielen Ideen denken wir sogleich darüber nach, wie es technisch umgesetzt werden könnte; ob das geplante Vorhaben auch in der verfügbaren Zeit zu schaffen ist und welche Arbeitsteilung sich dabei ergeben könnte, muß zusätzlich erwogen werden.

Dschungel, weil vieles da hineinpaßt

„Dschungel“ als Thema für eine Rauminstallation ermöglicht es, eine Menge der oben genannten Ideen zu verwirklichen. Ausgestattet mit Höhlen, Wasserfall, Fluß, Vulkan und Felsen und natürlich mit einem undurchdringlichen Dickicht aus Lianen scheinen fast unbegrenzte Möglichkeiten geboten. Bei einer Klassenstärke von 25–30 Schülern bietet es sich an, in zwei Schichten getrennt zu Werke zu gehen. Teamteaching von zwei Lehrern ist unumgänglich. Im Aktionsraum arbeitet eine Gruppe (A) und beginnt mit der Installation z. B. eines Wasserfalls. Die andere Gruppe (B) bereitet inzwischen in einem anderen Raum Materialien vor, die später gebraucht werden, z. B. Lianen schneiden, Baumstämme und Gewächse, Flächen aus geknitterten Zeitungen für die Felsen u. ä. Natürlich ist nach entsprechender Zeit Schichtwechsel, und die Gruppe B mit ihrem Lehrer übernimmt einen eigenen Teilauftrag im Aktionsraum, z. B. Herstellen eines Felsvorsprungs und Vorbereiten des Flußlaufs, während die Gruppe A Zulieferer für Material ist.
Zunächst entsteht eine lockere Raumgliederung, in die die festgelegten „Orte“ installiert werden. Aus Schränken und Stühlen ein Fels, in dem die große Wohnhöhle eingerichtet wird, aus einem Korbballständer ein Vulkan. Ganz zuletzt werden im restlichen Raum Lianen von Schnüren abgehängt, Gewächse mit zauberhaften Blüten zu einem Dickicht verwoben und der Urwaldboden mit Schnipseln ausgestreut.

Es lebe die Aktenvernichtungsmaschine

Von Behörden bekommt man Säcke von Aktenschnipseln (fein wie Konfetti oder in feinen Streifen). Dieses Material erweist sich als besonders effektvoll und vielseitig. Steht ein solches Gerät zur Verfügung, kann man damit auch meterlange Zeitungsbahnen gefaltet durchlassen. Das ergibt Kaskaden, Lianen und Gewächse, Fransenkleider, ...
Nach Bedarf läßt sich für farbige Effekte auch Illustriertenpapier verwenden.

Farbiges Licht – oder wie aus der Installation eine Performance wird

Bis zu diesem Zeitpunkt sind die Kinder ganz von der Raumgestaltung und den zauberhaften Wirkungen und Effekten überwältigt. Das Phänomen Farbe bleibt zunächst ausgespart. Aber auf einmal wird bedauert, daß es eben leider nicht farbig sein könne. Es dauert eine Weile, bis die Schülerinnen und Schüler sich

Ein grüner Dschungel ganz ohne Pinsel und Farbe

problemlösend herantasten und auf die Idee kommen, farbiges Licht einzusetzen. Besonders erlebnisorientiert ist das Spiel mit farbiger Beleuchtung, wenn der fertige Raum verdunkelt wird. Zunächst legen wir einfach verschiedene Farbfolien auf den Tageslichtprojektor, der irgendwo auf dem Boden steht. So lassen sich farbige Effekte erzielen, die den illusionistischen Raum vollends heraufbeschwören (Farbtafel VIII, 2).
Eine rote Lampe im Vulkan leuchtet durch Zeitungswände, ein paar farbige Taschenlampen lassen die Lianen geisterhaft mal gelb, mal grün aufblitzen. Der Dschungel wird in grünes Licht getaucht, die Höhle indirekt blau angestrahlt.
Vorsicht: Von farbigen Strahlern mit großer Hitzeentwicklung ist bei so viel entflammbarem Material abzuraten!

Wo hört die Raumaktion auf? Wo fängt das Spiel an?
Ganz von selbst entwickeln sich aus den Aktivitäten im Raum Aktionen, die zum Darstellen animieren. Der im Raum befindliche Mensch kann sich dem nicht entziehen und beginnt, eine Beziehung zu seiner Umgebung aufzubauen und sich einzubringen.

„Uralunga" und „Vulkanos", zwei Urwaldvölker

Zwei Urwaldvölker, das ergibt sich schon aus den Arbeitsgruppen, bewohnen ihre selbsthergestellte „Heimat", wissen aber zunächst nichts voneinander, weil das Dickicht alles versteckt hält. Sie sehen ganz unterschiedlich aus und haben verschiedene Lebensgewohnheiten.
Die beiden Völker entdecken einander, werden Freunde und feiern ein großes Fest. Urwaldtrommeln verkünden es durch die Nacht …

Fächerverbindende Möglichkeiten tun sich auf
Die sich aus dem Stegreifspiel entwickelnden Dschungelszenen bringen ganz organisch Gestaltungselemente aus anderen Fachbereichen mit sich.

Spielhandlung

Fächerverbindend: Sprache/Deutsch

So muß das Spielgeschehen inhaltlich strukturiert werden. Man braucht so etwas wie ein Storyboard, das knapp und übersichtlich den szenischen Verlauf als Rahmen vorgibt. Dies ist dem Lernbereich „Texte verfassen" im Fach Deutsch zuzuordnen und ließe sich ergänzen durch eine später erstellte schriftliche Dokumentation des gesamten Vorhabens: z.B. Ein Zeitungsreporter entdeckt zwei unbekannte Urwaldstämme. Das Spiel wird von einem Erzähler kommentiert und betont somit stärker nonverbale, mimisch-gestische Ausdrucksformen. Dialoge in Phantasiesprachen.

Kostüme

Ausstattung der Personen

Die Möglichkeiten, aus Zeitungspapier Kostüme zu gestalten, wird von den Kindern kreativ genutzt. Dabei wird der Reiz, der von Zeitungspapier als Textilersatz ausgeht, begeistert aufgegriffen. Sie verwenden die Papiere wie etwas Textiles, das mit Klebeband statt mit Nadel und Faden verarbeitet wird. Durch die Notwendigkeit, kontrastreiche Figuren zu erfinden, werden vielfältige Unterscheidungsmerkmale entwickelt. Ein knapper Zeitrahmen fordert Minimalkostüme, die sich auf Kopfputz, Röcke und Fußschmuck beschränken. Bei solchen Aktionen wird den Kindern besonders einsichtig, daß gegenseitige Abstimmung, Hilfe und Partnerarbeit notwendig sind. Materialien verhüllen und verändern uns und beeinflussen das Bewegungsverhalten, was am Spiegel spielerisch erprobt werden kann.

Klangillustrationen

Wenn man Tagelang mit Zeitungen umgeht, tut man dies nicht ohne akustische Nebenwirkungen: es raschelt, rauscht und knistert.

Zeitung als akustisches Material

Im Rahmen des Musikunterrichts bietet es sich an, dieses Material experimentell auf seine Klangeigenschaften hin zu erforschen und als vorzüglichen (unkonventionellen) Klangerzeuger einzusetzen. Aus unserer Geschichte ergeben sich viele musikalisch-akustische Anlässe:

– der Wind im Blätterwald, als Klanggeschichte mit Zeitungsgeräuschen untermalt,
– ein Tropengewitter,
– das Rauschen des Wasserfalls auf den Kassettenrekorder aufgezeichnet,
– Urwaldgeräusche (zwischen Papierstreifen durch die Finger pfeifen),
– Urwaldtrommeln auf zweifach gelegten und gespannten Zeitungsflächen.

Dabei kommt es zum einen auf Klangerzeugung (reißen, knistern, knüllen, klatschen, rascheln, reiben, blasen), zum anderen auf Dynamik, Lautstärke und Klangfarbe an.

... und dann ist da noch das ganz besondere Ereignis

Raumaktionen und Performances sind prozessorientert. Das Mitmachen und Dabeisein hat besondere erlebnisvertiefende Wirkung. Daß die in vielen Stunden aufgebaute Zauberwelt in einer Stunde mit vereinten Kräften Hokuspokus verschwinden kann/muß, schmerzt ein bißchen. Man würde so gerne zum Augenblicke sagen: „verweile doch ...“.

Eins, zwei, drei, verschwunden alle Zauberei

Bleibt ein kleiner Trost: Vielleicht spielen wir das nächste Mal Theater auf einer Bühne mit Zeitungskulissen, mit Zeitungskostümen, ...

Erfahrungen von Raum und Zeit

Ich beziehe mich hierbei auf Ausführungen von Gottfried Bräuer in einem Vortrag zum Thema „Raum im Werden“, 1987. Betrachten wir die Entwicklung der Räumlichkeit in der Auseinandersetzung des Kindes mit seiner Umgebung, so hat dabei die Ästhetische Erziehung einen gewichtigen Beitrag zu leisten.

Lernziele einmal anders

Der kindliche Raum ist ein „gestimmter Raum“

Das bedeutet, er ist ein Erlebnisraum mit Gefühlsqualitäten. In der beschriebenen Raumaktion gelang es, gezielt auf die Erlebnisqualität eines Raumes einzuwirken (Illusion eines Naturraumes) und die Veränderbarkeit von Räumen in Erfahrung zu bringen.

„Raum räumlicht sich nicht ohne unser Zutun"

Raum und Räumlichkeit wird im dynamischen Vollzug erfahren (Bewegung)
Wahrnehmung, Orientierung, Vorstellung und Darstellung von Räumen wird Kindern nur möglich, wenn sie zuvor handelnd damit umgehen konnten. Dabei sind die verschiedenen Sinneskanäle wichtige Vermittler. Solches kann in einer Bewegungslandschaft oder (unser Beispiel) in einer Rauminstallation mit Spielhandlung geschehen. Zur realen, alltäglichen Raumerfahrung kommt diesmal die Erfahrung mit einem künstlich erzeugten „Bühnenraum", der für sich gesehen Objektcharakter hat, sich aber ebenso in einen Handlungsraum mit sozialer Dimension verwandeln kann.

Von ganz anderer Art sind die bei Kindern so beliebten Miniaturräume (Baukasten, Sandspiele, Puppenstuben, Schachtelinstallationen), die zum Lernbereich Körper/Raum gehören und besondere Raumphantasien ermöglichen.

Schließlich entwickelt sich daneben die altersgemäß fortschreitende Entfaltung virtueller Räumlichkeit in der bildhaften Darstellung von Raum (Vernetzung mit Geometrie und Sachunterricht).

Circa 3 Wochen nach dem beschriebenen Vorhaben sollte jeder eine „Karte" der Urwaldlandschaft zeichnen (Din-A4). Nahezu alle Kinder konnten den Raum proportional richtig und detailgenau darstellen.

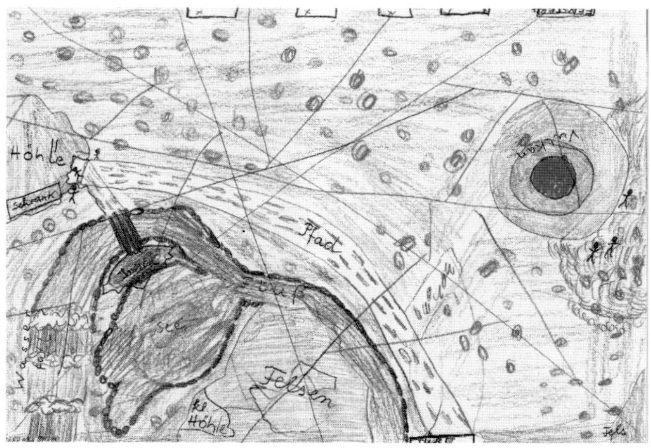

Zeitrahmen: Projektorientiertes Vorhaben, mehrere Tage im Teamteaching (Klassen- und Fachlehrer)
Material: Zeitungen vom Verlag oder gesammelt, Behälter zum Aufbewahren bzw. zum Entsorgen, Tapetenkleister, dicke Pinsel, Schnüre (sind zum Schluß wiederzuverwerten) und Kreppklebebänder verschiedener Breite, Aktenschnipsel.
Mehrere Taglichtprojektoren und farbige Folien, Taschenlampen, Videokamera, Fotoapparat
Medien: Christo: Verhüllungsperformances
Literatur: Unterrichtsideen, Anfangsunterricht Kunst für das 1. und 2. Schuljahr, 1995, Klettnr. 196114

Wer schaut aus dem Karton? (Kl. 4)

Damaris Scholler

Worum geht es?

Formteile finden spielerische Verwendung. Die Kinder verfeinern ihre Ausdrucksmöglichkeiten in Gestik und Ausstattung. Besondere Berücksichtigung finden nonverbale Ausdrucksformen

Schon im Vorschulalter beginnen die Kinder mit Verkleidungsspielen. Gerne verändern sie ihr Äußeres oder schlüpfen in eine andere „Haut". Von der neuen Frisur über das Schminken bis hin zum Erfinden von außergewöhnlichen Kostümen gibt es unendlich viele Möglichkeiten des Spielens und Ausprobierens.
Schon mit einfachsten Mitteln können starke Wirkungen erzielt und für die Kinder wertvolle Erfahrungen gewonnen werden. Zur Verkleidung und für Verkleidungsspiele eignet sich fast alles. Hier zum Beispiel sind es weiche Kartons und Schachteln aus dem Supermarkt. Viel Paketklebeband und Schnur ersetzen jede Nähmaschine und es kann Erstaunliches „zurechtgeklebt und gebunden" werden.
Neben dem Spaß und der Freude am eigenen, verkleideten Körper sowie dessen neuem Erscheinungsbild, experimentieren die Kinder sofort und unmittelbar auch mit Bewegung, Körperhaltung und Gesten. Sie imitieren, erfinden neu und probieren aus.

„Verschachtelt und verschnürt."

Die Kinder stellen schnell ihre Bewegungen auf ihr Erscheinungsbild ein oder erfahren gar Einschränkungen in ihrer Beweglichkeit durch ihr Kostüm. Sie lernen damit umzugehen und nutzen die Möglichkeiten ihrer Verkleidung. Zusätzlich kann Musik zur Bewegung anregen, sie unterstützen und beeinflussen. Musik kann Situationen komisch oder dramatisch wirken lassen. Verschmelzen Musik, Bewegung und Kostüm, wird Sprache überflüssig. Musik- und Bewegungstheater eröffnen auch Grundschulkindern ungeahnte Ausdrucksmöglichkeiten, wobei Improvisation und Spontanität der Kinder im Vordergrund stehen.

Kostüme aus Karton, Klebeband und Schnüren geschneidert

Die Kinder bringen große Kartons in den Unterricht mit.
Die erste Begegnung mit dem Material erfolgt – wenngleich meist unbewußt – schon beim Transport in die Schule. Sperrigkeit des Materials, Transportschwierigkeiten, …

Das geplante Unterrichtsvorhaben lautet: *„Erfindet Kostüme aus den Kartons. Der ganze Körper soll von Kopf bis Fuß bekleidet werden.“*

„Ein Stock, ein Hut, ein Regenschirm.“

Zur Einstimmung auf das Thema werden Vorschläge und Ideen zur Kostümgestaltung gesammelt. Die Materialien wie Scheren, Paketklebeband und Schnur werden bereitgestellt.
In Dreiergruppen (ein Modell, zwei Modeschöpfer) probieren die Kinder spielerisch verschiedene Gestaltungsmöglichkeiten aus, und langsam bilden sich die individuellen Kostümvorstellungen der Schülergruppen heraus.

Wer schön sein will – muß leiden
Jetzt beginnt die Arbeit am „Modell“. Geschäftiges Treiben beginnt. Den schlimmsten Befürchtungen zum Trotz, alles würde in einem Chaos enden, sind die Kinder hochmotiviert und arbeiten sehr zielgerichtet. Die teilweise sehr lustig anmutenden „Kartonverschalungen“ und vor allem auch die Kommentare, der sich darin befindenden Kinder, geben immer wieder Anlaß zum Lachen und tragen zu einer hervorragenden, lockeren Arbeitsatmosphäre bei.
Sitzt einmal das grobe „Outfit“ arbeiten die Kinder fieberhaft an Details weiter. Die Gruppen inspirieren sich mitunter auch gegenseitig, aber schon durch die Unterschiedlichkeit der Kartons wird ein reines „Nachmachen“ unmöglich.

Herr und Frau Karton
Schon in der Arbeitsphase finden die Kinder unendlich viele Namen und Vergleiche für die von ihnen gestalteten Wesen. In einer Art Präsentation wird jede Kartonfigurine unter viel begleitendem Applaus vorgestellt. Erstaunlich ist die Gestaltungsvielfalt der Kostüme, und wie jede Figur in anderer Art und Weise von ihrem „Träger“ belebt wird.
Die Kostümierten können zu Wort kommen und ihre Situation für die Klassenkameraden beschreiben.

Karton, das Leben hat erst begonnen!
In einer freien Spielsituation agieren die Kartonfigurinen miteinander. Eine Steigerung, aber auch eine Lenkung, ist durch das Einspielen von Musik zu erreichen.

„Bühne frei!“

Der Einsatz eines Stroboskopes im verdunkelten Raum und die sich in dessen Flackerlicht bewegenden Figuren hinterläßt bleibenden Eindruck bei den Kindern. Die freien Spielsituationen können möglicherweise in einer Choreographie münden. In dem vorliegenden Beispiel wurde darauf jedoch verzichtet.
Eine mögliche Kunstbetrachtung bieten die Figurinen von Oskar Schlemmer.

Zeitrahmen: Anfertigung und Besprechung: 2 Stunden
Material: Kartons, Kartonabfälle, Fotokarton, Paketklebeband, Schnur, Schere
Medien: Oskar Schlemmer: Triadisches Ballett, 1920–22, Staatsgalerie Stuttgart

Wind – Wasser – Wolken und wir (Kl. 3/4)

Fächerverbindend: Sport

Damaris Scholler

Worum geht es?

Bewegung, ihr Verlauf und ihre Spuren sind ästhetische Grunderfahrungen. Im Kunstunterricht der Grundschule wird Bewegung häufig zu einem Inhalt bildnerischer Aufgaben. Dabei geht es meistens um Bewegungsspuren (Linien, Wirbel), Farbbewegung (Flächen, Flecke), bewegte Körper (Personen, Tiere) oder Natur (Wind, Wasser). Kinder sind ständig in Bewegung. Sie laufen, hüpfen, springen, tanzen und geben so freudig und lustbetont ihrem Bedürfnis nach Bewegung Ausdruck. Sie erfahren spielerisch Auswirkungen von Bewegung und entdecken deren Spuren: Der Kreidestrich auf dem Schulhof, Spuren im Sand, Wassertropfen auf dem Boden, Fahnen im Wind sind Zeugen von Bewegung.

Spielen in Bewegungslandschaften und Aktionsräumen

Kinder erkunden mit Hilfe des eigenen Körpers (Gehen, Durchschreiten, Laufen, Springen) Räume, Flächen, Entfernungen und Höhen und machen auf diese Weise wichtige Grunderfahrungen. Viele Kinder wachsen inzwischen in einer Umgebung auf, die wenig Aufforderungscharakter zur Bewegung hat, wo gar ungezügelte Bewegungsfreude stört und unter Umständen tödliche Gefahr mit sich bringt.
Tatsache ist, daß immer mehr Kinder immer weniger Erfahrungen mit Bewegung einbringen können. Um so mehr Bedeutung erfahren Bewegungsverläufe und -spuren, die im Unterricht initiiert und reflektierend begleitet werden. Erkenntnisse und Erfahrungen verschmelzen so im unterrichtlichen Prozeß: daß dabei das Moment der Freude an der Bewegung im Vordergrund stehen sollte, ergibt sich aus dem Thema an sich. Bewegung und Bewegungsspuren können auf verschiedene Weise erzeugt und sichtbar gemacht werden. Zum Beispiel:

– Das Erzeugen und Beobachten von Bewegung beim Spielen mit Bändern, Folien, Tüchern und Schläuchen aus Stoff.
– Das Produzieren von Bewegungsspuren mit verschiedenen Farbträgern (Stifte, Pinsel, Walze, Finger ...).
– Das Rollen von Kugeln und Bällen.
– Das Schwingen an Schaukeln und Seilen.

Bewegungen und Bewegungsspuren können jeweils unterschiedlich motiviert sein. Ein Auslöser ist der Materialcharakter von Dingen, der regelrecht zur Bewegung und zum Experimentieren mit Bewegung auffordert (Tücher, Folien, Bänder). Andere Motivationen, Bewegung zu erzeugen, sind Musik und Rhythmus und das, je nach Musik, auf sehr unterschiedliche Weise.
Oft kann allein die Freude an der Bewegung des eigenen Körpers Auslöser für Spiele und Bewegung werden. Man denke an die begeisterten Laufspiele im Schulhof nach langen Phasen des Stillsitzens.

Bänder im Wind

Jedes Kind erhält ein oder zwei Bänder aus Kreppapier (10 cm breit und 3 m lang). Das eine Ende nehmen die Kinder in die Hand und schon beginnen die ersten Versuche, das Band in Bewegung zu bringen.

Ein farbenprächtiges Spiel

Unterschiedliche Bewegungsmöglichkeiten ergeben sich: schlängeln, kreisen, laufen, auf- und abschleudern.
Die Kinder studieren intensiv das Flugverhalten der Bänder bei unterschiedlichen Bewegungsabläufen.
Eine Erweiterung ist das Bilden von unterschiedlichen Laufformationen, zum Beispiel: alle laufen durcheinander, wir bewegen uns im Kreis oder immer nur bestimmte Farben bilden eine Laufgruppe usw.

Unter und über den Wolken …

Eine farbliche Abstimmung der Bänder bietet zusätzlich eine reizvolle optische Wirkung. Nach der Aktion können die Bänder an Stäbe gebunden werden und im Wind flattern.

Bewegungsstudien mit großen Tüchern oder Fallschirm

Der Fallschirm ist in seiner Größe und auch in seiner ganz besonderen Materialbeschaffenheit für die Kinder ein sehr beliebtes und faszinierendes Spielobjekt. Es ergeben sich verschiedene Spielmöglichkeiten, an denen die ganze Klasse beteiligt werden kann.

Eine Möglichkeit: Die Kinder verteilen sich gleichmäßig um den auseinandergefalteten Fallschirm. Durch großzügige Armbewegungen wird er nach oben und wieder nach unten bewegt. Ist er oben, entsteht durch Luftwiderstand ein „Gewölbe". Einige Kinder können hindurchgehen, ihre Plätze wechseln, sich auf den Boden legen und nach oben blicken. In dieser Art lassen sich noch viele Spielvarianten ableiten. In der Regel sind Kinder sehr erfinderisch.

Bewegungserfahrungen mit Folien

„Das sieht aus wie Wasser!" „Kommt, wir machen ganz starke Wellen!" oder „Schaut mal, wie das flattert und dabei knistert!" und „Ich will auch mal in den Wellen liegen!" sind begeisterte Ausrufe der Kinder während der Aktion.

Wellenpracht aus Plastik

Ausgangsmaterial ist durchsichtige, dünne Abdeckfolie (Malerbedarf oder Baumarkt, ca. 12 × 12 m oder größer). Ähnlich wie beim Fallschirm wird auch in dieser Aktion die ganze Klasse beteiligt.

Zunächst wird die Folie vorsichtig auseinandergefaltet, ohne die Oberfläche dabei zu verletzen. Es ergeben sich folgende Spielmöglichkeiten:

- die Kinder sitzen auf dem Boden, dabei leichtes Auf- und Abbewegen aus dem Handgelenk, mal schnell, mal langsam;
- die Bewegungen werden großzügig nun aus dem ganzen Arm von oben nach unten von allen Kindern gleichzeitig ausgeführt;
- Variationen und Kombinationen von unterschiedlichen Folienbewegungen;
- sich selbst in der bewegten Folie bewegen, sich rollen, kugeln oder nur ruhig daliegen, hören und fühlen. Dabei darf im Wechsel immer ein Kind (ohne Schuhe) das „glitzernde Wellenmeer" erleben.

Lustige Gesellen aus Säcken und Schläuchen

Schlauchware aus Trikot oder aus großen Stoffstücken zusammengenähte Säcke bieten vielseitige Verwandlungsmöglichkeiten und lassen die Körperbewegungen der darin Verhüllten plötzlich ganz lustig, fremd und neu wirken.

Immer eine Gruppe von Kindern darf sich in die Schläuche hüllen und mit dem eigenen Körper experimentieren. Die anderen Kinder der Klasse sind die Zuschauer. Es darf gehüpft, gerollt, getanzt werden, aber auch sonstige „Verrenkungen" sind erlaubt.

Auch hier bietet sich die Möglichkeit, Musik einzusetzen, um das Agieren der Kinder zu unterstützen.

Möglichkeiten der Weiterentwicklung sind kleine Spielszenen (agieren/reagieren) oder Bewegungsformationen.

Zeitrahmen: Pro Aktion 20 Minuten bis 1 Stunde, je nach Ausdehnen des Vorhabens

Material: Kreppapier in verschiedenen Farben, Fallschirm oder ein großes Tuch, Malerfolie, Trikotschläuche und/oder Stoffsäcke

Bräuer, Gottfried: Zugänge zur ästhetischen Elementarerziehung. Tübingen, DIFF 1989

Britsch, Gustav: Die Theorie der Bildenden Kunst. Düsseldorf, 1952/3. Aufl.

Burkhardt, Hermann: Bildtexte – narrative Strukturen im Kunstunterricht, Ravensburg 1977

Eco, Umberto: Zu einer Semiotik der visuellen Codes. In Eco: Einführung in die Semiotik. München 1972

Jackson, Roman: Linguistik und Poetik, in: Ihwe, Jens: Literaturwissenschaft und Linguistik, Bd. I. Frankfurt a.M. 1972

Kandinsky, Wassily: Über das Geistige in der Kunst. Bern, 1952/4. Aufl.

Ders.: Punkt zu Linie und Fläche. Bern, 1955/3. Aufl.

Klee, Paul: Das bildnerische Denken (Hrsg. J. Spiller). Basel/Stuttgart, 1970/ 2. Aufl.

Kornmann, Egon: Die Theorie von Gustav Britsch als Grundlage der Kunsterziehung. Düsseldorf, 1931

Krötzsch, Walther: Rhythmus und Form in der freien Kinderzeichnung. Leipzig, o. J.

Lévi-Strauss: Das wilde Denken. Frankfurt a.M., 1968

Otto, Gunter, in: Breyer/Otto/Wienecke: Kunstunterricht – Planung bildnerischer Denkprozesse. Düsseldorf, 1973/3. Aufl.

Pfennig, Reinhardt: Gegenwart der bildenden Kunst – Erziehung zum bildnerischen Denken. Oldenburg, 1970/4. Aufl.